本书出版
受北京市教委专项资金资助

新闻史研究 第一辑

王京山 主编
叶 新 副主编

中央编译出版社

图书在版编目（CIP）数据

季羡林研究. 第一辑 / 王京山主编；叶新副主编. —北京：中央编译出版社，2022.7
ISBN 978-7-5117-4069-4

Ⅰ. ①季… Ⅱ. ①王… ②叶… Ⅲ. ①季羡林（1911—2009）-人物研究-文集 Ⅳ. ①K825.4-53

中国版本图书馆 CIP 数据核字（2021）第 236416 号

季羡林研究. 第一辑

责任编辑	李媛媛
责任印制	刘 慧
出版发行	中央编译出版社
地　　址	北京市海淀区北四环西路 69 号（100080）
电　　话	（010）55627391（总编室）　　（010）55627310（编辑室）
	（010）55627320（发行部）　　（010）55627377（新技术部）
经　　销	全国新华书店
印　　刷	北京中兴印刷有限公司
开　　本	710 毫米 × 1000 毫米　1/16
字　　数	177 千字
印　　张	13.5
版　　次	2022 年 7 月第 1 版
印　　次	2022 年 7 月第 1 次印刷
定　　价	75.00 元

新浪微博：@中央编译出版社　　　　微　信：中央编译出版社(ID: cctphome)
淘宝店铺：中央编译出版社直销店(http://shop108367160.taobao.com)　　（010）55627331

本社常年法律顾问：北京市吴栾赵阎律师事务所律师　闫军　梁勤
凡有印装质量问题，本社负责调换，电话：（010）55626985

前　言

季羡林先生是国际著名东方学大师、语言学家、文学家、国学家、佛学家、史学家、教育家和社会活动家。历任中国科学院哲学社会科学部委员、聊城大学名誉校长、北京大学副校长、中国社会科学院南亚研究所所长，是北京大学的终身教授。在超过半个世纪的教书育人生涯中，季羡林先生不但给我们留下了宝贵的学术文化论著和大量的文学作品，而且以其道德文章为无数学人仰慕。

今年是季羡林先生诞辰110周年。为了深切缅怀季羡林先生，我们组织编写了本论文集，其中的作者既有季羡林先生的及门弟子，也有亲睹季羡林先生音容笑貌的仰慕者；既有大学教授，也有在读学生。大家基于对季羡林先生的崇敬之情，认真阅读季羡林先生的遗著和研究文章，对季羡林先生的生平、学术的方方面面开展研究，发前人所未发，对于传承季羡林先生的精神遗产具有重要的意义和价值。

本书的编成首先要感谢北京印刷学院新闻出版学院叶新教授。叶新教授在编辑出版研究方面用力甚勤，成果丰硕。在开展编辑出版研究的同时，他也是一个季羡林研究专家和出名的"季迷"。他近年来从事季羡林研究，校注季羡林的《清华园日记》，主持教育部课题"季羡林《清华园日记》和20世纪30年代大学教育研究"，指导带领研究生和本科生撰写发表季羡林研究方面的文章，发起并主持"季羡林与东西方文化传播研讨会"，在国内季羡林研究方面占有举足轻重的地位。书中收录的叶新教授研究季羡林先生的相关文章，为本书增光不少。

同时，我也要感谢国华羡林（北京）文化发展有限公司法定代表人、季羡林读书会发起人王佩芬女士。王佩芬女士发起成立了季羡林读书会，几年来季羡林读书会开展了百所高校行——"学海泛舟"、中小学读书会、公共阅读之"积学笃行 士林有声"等活动，通过读书会让更多人了解了季羡林先生的精彩一生及其学术成就。此次论文集的编纂，王佩芬女士也贡献良多，不但帮助联系季羡林先生的学生，还亲自撰文供稿，保证了本书能够顺利编成。

感谢季羡林先生的学生梁志刚先生、郁龙余先生，感谢北京印刷学院新闻出版学院张文红教授、首都师范大学文学院陈亚丽女士，以及本书的所有其他作者。正是大家的倾力合作，才能使该书如期面世。

本书出版受北京市教委专项资金资助。在图书出版之际，谨再次向季羡林先生表达我们的崇高敬意，并感谢所有为本论文集编辑出版做出贡献的人。

王京山
2021.10.6

目录 CONTENTS

试论季羡林的精神遗产 ·················· 梁志刚　1

季羡林：中国学问家的典范 ·············· 郁龙余　朱 璇　58

情寄八荒　平易炜晔
　　——季羡林散文艺术特质探微 ·············· 陈亚丽　76

季羡林先生未刊日记初探
　　——尘封的记忆：季羡林先生的第一次泰山之旅 ········ 王佩芬　87

季羡林本科毕业论文考证 ·············· 叶 新　99

季羡林的荷尔德林早期译介研究 ·············· 叶 新　111

季羡林《清华园日记》写作特点略析 ········ 刘李莉　叶 新　126

从《清华园日记》看大学时代季羡林
面临的多重逆境及其奋斗之路 ·············· 王京山　136

季羡林大学时代的作家梦 ·············· 叶 新　149

《清华园日记》中季羡林的散文创作 ········ 毛银秀　王京山　158

青年季羡林清华园读书记
——《清华园日记》中季羡林阅读内容分析 … 毛银秀 王京山 166
从《清华园日记》看大学时代季羡林的家庭生活 ………… 王京山 173
季羡林和臧克家的《烙印》笔墨官司 ……………………… 叶　新 182
季羡林与胡适
——从《群言》两次刊发《为胡适说几句话》谈起 … 张文红 189
王重民季羡林交往交流考 …………………………………… 王京山 202

试论季羡林的精神遗产

梁志刚[*]

季羡林离开我们已经十二年了。记得，当年北大党委书记闵维方说过："季老心中装载的不仅仅是中国，而是整个东方，乃至整个世界。他是为传播整个人类的文化和精神毕生耕耘、无私奉献、闪闪发光。季老的人生原本就是一部书，一部启迪人智慧的书，一部净化人心灵的书，一部永远激励人奋进的书，一部令人回味无穷的书。"季羡林这一部书确实教育滋养了几代学人，他虽然离去了，但是他的道德文章还将使一代又一代人受益。在最后的岁月里，他考虑和谈论最多的是什么呢？是"和谐"。2007 年 7 月他在接受人民日报记者采访时讲过这样一段话：

> 要想达到个人和谐的境界，需要具备两个条件：良知和良能。知是认识，能是本领。良知是基础，良能是保障，两者缺一不可。知行合一，天人合一，方能和谐。良知是什么？概括起来就是八个

---

[*] 梁志刚，季羡林的学生，曾任国家档案局中央档案馆行政财务司司长，中国档案学会第四、第五、第六届理事会理事，退休后一直从事季羡林文化研究、写作。

字：爱国、孝亲、尊师、重友，这在中国传统文化中都有。一个人如果做到了这一点，那就可以说他是个人和谐了，而每一个人都和谐了，那整个社会也就和谐了。

季羡林把"良知"概括为"爱国、孝亲、尊师、重友"八个字，继承了中国传统文化的精华，又富有时代精神，是他一生为人处世的原则，也是对青年一代的谆谆教导和殷切期望。

"良知"如此，而"良能"是什么呢？能是本领，从事不同行业的人们，本领各不相同。作为学者和教师，季羡林数十年坚持的也是八个字："敬业、博学、求实、创新"。他不仅自己坚持，而且大力提倡，并把它作为聊城大学的校训。笔者以为，以此作为知识分子的良能是适宜的。以这样的良知为基础，有这样的良能为保障，天人合一，知行合一，才能有所作为，实现人生的价值。

一、文化自信育良知

1990年，季羡林在题为《略说中国传统文化及其特点》的讲演中，论述了中国传统文化和传统道德：

> 说在中国传统文化的宝库中，中国传统道德是最重要的一部分内容，这话完全正确。因为从世界各国来看，像中国这样几千年如一日重视伦理道德的还没有第二个国家。什么叫作中国传统道德？或者说中国传统道德有哪些内容呢？这个问题很复杂，每个人的回答都可能不一样。我讲讲自己的看法，我想这里面起码应包括这几部分内容。
>
> 第一，正如我的老师——清华大学陈寅恪教授曾经说过的《白

虎通》当中的三纲六纪是中国文化的精华。什么叫三纲呢？就是君臣、父子、夫妇。他讲的当然是君为臣纲，父为子纲，夫为妻纲。这里边有糟粕，如夫妻应该是平等的，怎么男人成了女人的纲了呢？这个我们先不讲它。六纪，一是仲父，就是父亲的兄弟姊妹；二是兄弟；三是族人；四是族舅，就是母亲家的人；五是师长；六是朋友。他说，这三纲六纪是中国文化的中心，我看他的话很有道理。因为人类自有社会以来，必然要有一种规则来维系，不然的话社会就乱七八糟。现在马路上为什么要有交通警？为什么要有红绿灯？这就是一种规则，一种规章制度，要求大家都来遵守，这样社会生活才能进行。要是没有这些规则，社会生活就不能进行。《白虎通》的三纲六纪，把当时社会所有的人际关系都规定了。

第二，我们的文化还有一个提法，是我们的特点，就是"格、致、诚、正、修、齐、治、平"。意思就是格物、致知、诚意、正心、修身、齐家、治国、平天下八个步骤。先从自己开始格物，就是了解事物，了解以后致知，把规律找出来，诚意、正心就不用讲了，修身就是修自己，然后齐家，把家治好，然后再治国，治国以后是平天下。就是从个人内心一直到天下……天下就是世界。个人要从内心出发，诚意、正心，一直推到治国、平天下。这套系统的步骤，属于伦理道德范畴，也属于政治范畴，是其他任何国家所没有的。

第三，"礼义廉耻，国之四维"。就是说，礼义廉耻是国家的四个支柱。除了这个提法外，古人还提出了"孝悌忠信，礼义廉耻"等说法，意思都差不多。

上述三个方面是古代伦理道德最先最主要的内容。懂得了这三个方面的内容，大体就了解了中国伦理道德最基本的内容。

用季羡林提倡的"爱国、孝亲、尊师、重友"与他上面所说的古代伦理道德相比较，不难看出二者的密切联系和明显区别。这是因为，随着时代的发展，违背时代需要的被扬弃了；适应时代需要的得到了继承和发展。我们这个时代的良知，正是季羡林大力提倡并身体力行的做人原则。季羡林是一个言行一致、心口如一的人，他以一生的实践证明了既继承传统，又与时俱进，为我们树立了光辉的榜样。

一曰爱国

季羡林在《一个老知识分子的心声》一文中写道："我生平优点不多，但自谓爱国不敢后人，即使把我烧成了灰，每一粒灰也还是爱国的。"这是季老的肺腑之言，是他的人格的真实写照。

2005年7月30日，温家宝总理到医院看望季羡林。在谈话中，温家宝说："您的《留德十年》和《牛棚杂忆》我都学习过。去年我访问德国还专门引用您的一段话：我一生有两个母亲，一个是生我的那个母亲，一个是我的祖国母亲。"季羡林说："两者缺一不可。"温家宝说："我给华侨讲时，很多人都热泪盈眶。"季羡林趁机提出建议："应该列入小学教科书。"温家宝答应向教育部反映。季羡林是认真的，2006年新年伊始，他在病榻上拟就了一篇供小学生阅读的课文《我们都有两个母亲》：

我们都有两个母亲。

我们平常只知道，我们有一个母亲，就是生身之母。

仔细考虑起来，应该说，我们都有两个母亲。除了生身之母外，还有一个养身之母，这就是我们的祖国。我们出生以后，由小渐长，所有衣食住行之所需，都是祖国大地生长出来的东西。称祖国为养身之母，是非常恰当的。

季羡林把对祖国的爱，凝聚在这100多个汉字里。他用数十年思考，告诉了孩子们一个浅显却又容易被忽视的道理。

季羡林爱国终生一以贯之。在历史的紧要关头，他一向旗帜鲜明。1931年他在清华大学读书时，适值九一八事变发生，国民党军队不抵抗，东北三省沦为日本的占领地。季羡林义愤填膺，和同学们一起卧轨拦截火车，绝食去南京向国民政府请愿，要求抗日。

第二次世界大战期间，季羡林在德国留学和工作。当时哥廷根小城有几个中国同学，其中就有后来担任清华大学副校长、深圳大学校长、中国科学院院士的张维。季羡林和同学们约定：如果同德国学生发生冲突，他们出言不逊，侮辱了我们个人，我们可以酌情原谅；如果他们侮辱我们的国家，那就必须同他们拼命。1942年，国民党政府的使馆撤离柏林，取而代之的是汪精卫伪国民政府的使馆。季羡林对汪精卫伪国民政府深恶痛绝，不愿与之发生任何联系，他就和张维等毅然到德国警察局，宣布自己无国籍。他们这样做是冒着极大危险的，因为一个人失去了国籍，就意味着失去了该国法律的保护。可是，季羡林认为为了自己的祖国，这个险是非冒不可的，自己是堂堂正正的中国人，宁可失掉性命也不能失掉人格和国格。

第二次世界大战结束，季羡林毅然谢绝剑桥大学的邀请，辗转数国，历尽千辛万苦，回到满目疮痍的祖国。当解放军兵临北平城下，少数高级知识分子选择衣冠南渡的时候，季羡林却义无反顾留下来，为建设新中国贡献自己的力量。

在经历了"文化大革命"的重重磨难之后，国门初开，学人出国成为潮流。此时的季羡林，尽管工资只有香港教授的十分之一、德国教授的百分之一，他依然坚定地留下来，焚膏油以继晷，为祖国的崛起呕心沥血。他不仅在学术研究中奋力冲刺,而且痛定思痛,总结历史的经验教训。他感佩巴金以老迈龙钟之身,呕心沥血写出《随想录》,于是同样蘸着自己的血和泪写出了《牛棚杂忆》这部警世之作,把它当作我们伟大民族的一面镜子,告诫人们永远不要重蹈历史的覆辙。季羡林说:

> 中华民族是一个伟大的民族,勤劳、勇敢、智慧,对人类作出了巨大的贡献。这是谁也否认不掉的。我自以生为中国人为荣,生为中国人自傲。如果真正有轮回转生的话,我愿生生世世为中国人。

此言掷地可作金石之声!

季羡林的爱国并非与生俱来,而是后天得来的。他出生在半封建半殖民地的旧中国,上高中时,济南被日军占领,他当了一年"亡国奴",真切感受到个人的命运和国家命运紧密相连。中国知识分子向来有"以天下为己任"的传统,最为关心时事政治,最爱国。"天下兴亡,匹夫有责",表达了中国知识分子的心声,这是中国知识分子所特有的。季羡林在北京大学工作和生活了半个多世纪,而北大人以天下为己任的意识尤其突出。从五四运动到一二·九运动,再到新中国成立后抗美援朝,北大人无不走在前面。爱国主义和对国家、人民的责任感形成了北大的光荣传统。2000年1月,季羡林写了一篇文章——《历尽沧桑话爱国》,他说:

> 我1946年回到北大任教,至今有53年是在北大度过的。在北大53年间,我走过的并不是一条阳光大道。有光风霁月,也有阴霾漫天;有"山重水复疑无路",也有"柳暗花明又一村"。一个人只有一次生命,我不相信什么轮回转生。在我这仅有的可贵的一生

中，从"春风得意马蹄疾"的少不更事的青年，一直到"高堂明镜悲白发"的耄耋之年，我从未离开过北大。追忆我的一生，"虽九死其犹未悔"，怡悦之感，油然而生。前几年，北大曾召开过几次座谈会，探讨的问题是：北大的传统到底是什么？参加者很踊跃，发言也颇热烈。大家的意见不尽一致。我个人始终认为，北大的优良传统是根深蒂固的爱国主义。

季羡林作为北大的终身教授，是北大人的杰出代表。他的爱国主义既有实践，又有理论。

爱国主义、集体主义、社会主义是时代的主旋律。季羡林对爱国主义的诠释是具体而又独到的。

季羡林认为，爱国须有"国"，没有"国"就没有爱国主义，有了国家就出现了爱国主义。在中国，出现了许多爱国者，比欧洲、美国都多。在欧洲历史上找出一个著名的爱国者比较难，什么原因呢？并不是欧洲人不爱国，也不是中国人生下来就是爱国的。因为存在决定意识，是我们的环境决定我们爱国。尤其是近代以来则受到来自西方、北方或东方的敌人的威胁和侵略。这个历史存在决定了中国五十六个民族爱我们的祖国。

在1999年的一次会议上，季羡林在演讲中提出这样一个问题："爱国主义是不是好的？"他自问自答："爱国主义可分为正义的爱国主义与非正义的爱国主义。正义的爱国主义是什么呢？一个民族、一个国家受外敌压迫、欺凌、屠杀，这时候的爱国主义我认为是正义的爱国主义，应该反抗，敌人来了我们自然会反抗。还有一种非正义的爱国主义，压迫别人的民族，欺凌别人的民族，他们也喊爱国主义，这种爱国主义能不能算正义的？……杀了人家，欺侮人家，那么你爱国爱什么国，这个国是干吗的？所以我将爱国主义分为两类，即正义的爱国主义与非正义的爱国主义，爱国主义不都是好的。"季羡林特别强调，所谓爱国，爱的就是你那个国籍的国。2002年他在《再谈爱国主义》一文中写道：

> 爱国的国字，如果孤立起来看，是一个模糊名词。哪里的国？谁的国？都不清楚。但是，一旦同国籍联系在一起，就十分清楚了。国就是这个国籍的国。再讲爱国的话，指的就是爱你这个国籍的国。如果一个国家热爱和平，决不想侵略、剥削、压迫、屠杀别的国家，愿意同别的国家和平共处。这样的国家是值得爱的，非爱不行的。这样的爱国主义就是我上面所说的正义的爱国主义。反之，如果一个国家，特别是它的领导人，专心致志地侵略别的国家，征服别的国家，最终统一全球，天上天下，唯我独尊。这样的国家是绝对不能爱的，爱它就成了统治者的帮凶。爱国主义与国际主义是相通的，是互有联系的。保卫世界和平是两者共同的愿望。

季羡林主张居安思危，大力弘扬正义的爱国主义。1999年5月7日，美国冒天下之大不韪，用导弹轰炸我国驻南斯拉夫大使馆，造成人员伤亡，房舍破坏。全国人民同仇敌忾，声讨美国的霸权行径。5月13日，季羡林在参加了北大师生的声讨集会之后，写了一篇短文，标题是一句古语：无敌国外患者国恒亡。他写道："这本是一件极坏的事情；然而，坏事变成了好事，一声炸弹响，震醒了我们这些酣睡的人们，震清了我们的脑袋瓜，使我们憬然有悟，世界原来并不和平，敌国外患依然存在。这一声炸弹震醒了我们的忧患意识，使我们举国上下奋发图强，同仇敌忾，团结更加强加固，这大大有利于我们国家的进步与建设。"

2002年5月，季羡林参加大型电视专题片《我愿以身许国》暨《科学家的故事》首映式，他在谈观后感时说：

这两部片子意义何在呢？我归纳为两点：爱国与奉献。以爱国主义的情操来推动奉献精神；以奉献的实际行动来表达爱国主义的情操。二者紧密相连，否则爱国主义只是一句空话，而奉献则成为无源之水，无本之木。

爱国主义是中华民族的优秀传统，历数千年而未衰。原因是中国历代都有外敌窥伺，屠我人民，占吾土地，从而激起了我们民族的爱国义愤，奋起抵抗，前赴后继，保存了我们国家的领土完整，维护了我们人民的生命安全，一直到了今天。

到了今天，我们国家虽然仍然处于发展中国家行列中，但是早已换了人间，我们在众多方面取得了令人瞩目的成绩，在全世界普遍的经济不景气的气氛中，我们却一枝独秀。我们国家在世界民族之林中的地位日益崇高。没有我国的参加，世界上任何重大问题都是解决不了的。在这样的情况下还有必要大声疾呼地提倡爱国主义吗？

我的意见是：有必要，而且比以前更迫切。我们目前的处境是，从一个弱国逐渐变为一个强国。我们是一个有十三亿人口的大国。这种转变会引起周边一些国家的不安。虽然我们国家的历届领导人都昭告天下：我们决不会侵略别的国家，但是我们也决不会听任别的国家侵略我们。这样的话，他们是听不进去的。特别是那一个狂舞大棒，以世界警察自居，肆意干涉别国内政的大国，更是视我为眼中钉。在这样的情况下，我认为，我们"国歌"中的一句话："中华民族到了最危险的时候"，还有其现实的意义。

因此，我们眼前发扬爱国主义精神，不但不能削弱，而且更应加强。我们还要把爱国与奉献紧密结合起来。如果没有两弹一星的元勋们的无私奉献精神和行动，如果我们今天仍然没有两弹一星，我们的日子怎样过呀！那一个大国能像现在这样比较克制吗？说不定踏上我国土地的不仅是20世纪三四十年代打着膏药旗的侵略者，还会有打着另外一种旗帜的侵略者。

想到这里，我们不能不缅怀二十三位两弹一星的元勋们以及他们的助手们的丰功伟绩。他们长期从家中"失踪"，隐姓埋名，躲到沙漠深处，战严寒，斗酷暑，忍受风沙的袭击，奋发图强，终于制造出来了两弹一星，成了中国人民的新的万里长城。他们把爱国与奉献紧密地结合起来。他们是我们学习的楷模。我是不是过分夸大了两弹一星的作用呢？决不是。以那个大国为首的力图阻碍我们前进的国家，都是唯武器论者。他们怕的只是你手中的真家伙。希望我们全国人民认真学习两弹一星的元勋们，也把爱国与奉献紧密结合起来。我们将成为世界大国是历史的必然，是谁也阻挡不住的。

读着这些振聋发聩的文字，一颗拳拳爱国之心跃然纸上。回望季羡林为我国的学术事业、教育事业不懈奋斗的一生，他在爱国与奉献的结合上为我们做出了榜样。20世纪80年代中期，季羡林曾经预言：21世纪将是中国的世纪。他这样说是基于他研究了数百年来世界政治经济文化中心的变化规律，得出的科学判断。他的这个预言正在被历史的发展所证实，这是季羡林晚年最得意的一件事。他说：中华民族所固有的大气磅礴的创造力，被种种内在的和外在的力量堵塞了几百年，一旦迸发出来犹如巨龙腾空，势不可当，每一个中华儿女无不为之骄傲与自豪。

二曰孝亲

几千年来，中国社会就是一个宗法伦理色彩非常浓厚的社会，为世界上任何国家所不及。"忠孝"二字是中国传统伦理道德的核心。历代有不少皇帝标榜"以孝治天下",中国老百姓讲究"父慈子孝",以达到家庭和谐,是一种优良的传统伦理美德。当然,也有一些提倡愚孝的故事流传极广,比如王祥卧冰、割股疗疾等,淡化了"父慈",片面强调"子孝"。这种封建伦理观念,显然已经陈腐;然而,家庭是社会的细胞,唯有家庭和谐了,社会才能和谐,孝亲作为处理家庭关系的一条原则,并没有过时。季羡林主张,孝应该是一个理性的概念,"父慈子孝"应该是对等的,他反对愚孝,也反对不孝。季羡林是语言学大师,他发现把"孝"这个词翻译为英语,用一个词翻译不出来,得用两个词。什么原因呢?因为虽然不能说外国没有孝,但是孝并非作为一个很重要的概念,所以译过去就得用两个词。两个什么词呢?就是儿女的"虔诚"与"尊敬",而在中文中光一个"孝"就够了。这就说明"孝"这个词有中国的特点。季羡林善于从古代的典籍中汲取有益的营养,他在1999年写的《谈孝》一文中说:

  中华民族毕竟是一个极富于理性的民族。就在已经被视为经典的《孝经·谏诤章》中,我们可以读到下列的话:
  昔者天子有诤臣七人,虽无道,不失其天下;诸侯有诤臣五人,虽无道,不失其国;大夫有诤臣三人,虽无道,不失其家;士有诤友,则身不离于令名;父有诤子,则身不陷于不义。故当不义,则子不可以不诤于父,臣不可以不诤于君;故当不义,则诤之,从父之令,又焉得为孝乎?
  这话说得多么好呀,多么合情合理呀!这与"天下无不是的父母"这一句话形成了鲜明的对立。后者只能归入愚孝一类,是不足取的。
  到了今天,我们应该怎样对待孝呢?我们还要不要提倡孝道呢?据我个人的观察,在时代变革的大潮中,孝的概念确实已经淡化了。不赡养老父老母,甚至虐待他们的事情,时有所闻。我认为,这是不应该的,是影响社会安定团结的消极因素。我们当然不能再提倡愚孝;但是,小时候父母抚养子女,没有这种抚养,儿女是活不下来的。父母年老了,子女来赡养,就不说是报恩吧,也是合乎人情的。如果多数子女不这样做,我们的国家和社会能负担起这个任务来吗?这对我们迫切要求的安定团结是极为不利的。这一点简单的道理,希望当今为子女者三思。

季羡林的故乡山东聊城地区,古代属于鲁国。鲁文化中"忠孝节义"的因素十分浓厚。季羡林受到的早期教育,形成了他人格的核心,忠孝思想在其中占有重要地位。他从小就听惯了羊羔跪乳、乌鸦反哺的故事,在他的意识里,不能遵从父母长辈的人,是不孝的。

季羡林从1917年离开官庄到济南念书,到1934年大学毕业,总共回过三次老家。这三次都同"尽孝"有关。第一次是在上小学的时候,回家为大奶奶奔丧。大奶奶并不是他的亲奶奶,但是从小就对他异常疼爱。老人家去世了,季羡林跑200多里路赶回家为她奔丧,认为这是天经地义的事情。第二次回家是在上初中的时候,父亲病重,季羡林赶回家发现父亲直挺挺地躺在土炕上,面色红润,但是不能动也不能说话。村里没有医生,季羡林每天坐着牛车,带上一匣点心,跟二大爷到离官庄十几里的一个地主庄园去请医生,给父亲诊脉,看完病用牛车送医生回家,再抓药给父亲吃。路是土路,坑洼不平,牛车走在上面,颠颠簸簸,来回两趟,要用去差不多一整天的时间。这还不算什么,要命的是,路边的青纱帐里时常有土匪出没,充满危险。就这样奔波数日,父亲的病情趋于稳定,季羡林只好先回济南。过了没有多久,父亲死了,一叔到济南接季羡林回家安葬父亲。父亲死后,家里没有了男主人,母亲只有半亩地,养活自己都不容易,如何帮助母亲,当时的季羡林实在是有心无力。

随着年龄的增长，季羡林开始考虑一些切实的问题。他梦想着，大学毕业以后自己找到了饭碗，手头有了钱，第一件事就是把母亲接到济南，她才四十来岁，今后享福的日子还长着呢。

可是季羡林的美梦，1932年秋被一纸"母病速归"的电报打得支离破碎。回到济南，季羡林方知母亲不是病了，而是死了。这消息真如五雷轰顶，他陷入了深深的悔恨和自责。为上学离开了母亲，没有能为母亲尽孝，铸成了季羡林终生的悔恨。1994年7月，季羡林写了一篇散文《赋得永久的悔》。文中写道：

> 古人说："树欲静而风不止，子欲孝而亲不待。"这话正应到了我身上。我不忍想象母亲临终前思念爱子的情况；一想到，我就会心肝俱裂，眼泪盈眶。当我从北平赶回济南，又从济南赶回清平奔丧的时候，看到了母亲的棺材，看到那简陋的房子，我真想一头撞死在棺材上，随母亲于地下。我真后悔，我千不该万不该离开了母亲。世界上无论什么名誉，什么地位，什么幸福，什么尊荣，都比不上待在母亲身边，即使她一个字也不识，即使整天吃"红的"。这就是我的永久的悔。

这篇文章在《光明日报》"文荟"栏目刊出，引起了巨大的反响，获得了鲁迅文学奖。许多老年读者觉得文章发出了他们的共同心声；许多青年读者给季羡林写信，从这些来信可以看出，季羡林的孝道对他们影响至深，其中两位在校研究生在信中说："我们被您在《赋得永久的悔》里面所流露的浓郁的亲情深深地感动了。您在文章中说，您如果以后不去济南，不去北京，不去德国，您就可能会是一个农民，一个文盲，但是您的母亲却会比您不在身边要活得长，活得好。多么崇高深沉的爱！宁愿舍弃自己的一切去换取母亲的幸福而不可得，便成了一位望九之年的老人的'永久的悔'。回想起来，我们时时以'天之骄子'而自豪，自恃青春年少，风华正茂，随波逐流，去追逐自己的梦想，在很大程度上忽略了远方的父母……看了您的文章，我们的心受到强烈的震动。从小到现在，我们被倾注了母亲满腔的从不企求回报的爱。我们大了，母亲也老了。我们再不能等到自己九十岁了才悔恨地想起当初不该离开母亲，忽略母亲……您的心路历程，您的文章刚好告诉了我们这样一个朴素的道理：爱国应从爱母亲做起。"

读到这里，我们便会明白：为什么季羡林把孝亲列为人类的良知。

季羡林的孝亲，更多地表现在他同叔父和婶母的关系上。叔父是个守旧而严厉的家长，婶母马氏更加疼爱的是自己的女儿。季羡林的童年并不幸福，可是他小小年纪就明白，自己受教育的机会是叔婶给的，应该感恩图报。15岁的季羡林，写过一首十七言诗：

　　叔婶不我爱，
　　于我有何哉？
　　但知尽孝道，
　　应该。

这首诗活脱脱表达了一个寄人篱下的少年的心境。季羡林可不是说说而已，需要他"尽孝道"的严酷考验就摆在眼前。

老话说："不孝有三，无后为大。"因为季羡林是季家唯一的男孩儿，父辈把接续季家香火和光宗耀祖的希望都寄托在他的身上。1929年，18岁的季羡林已经是一个出类拔萃的高中学生了。这时候，叔父和婶母认为他该娶妻生子，就为他娶了媳妇。正在求学的季羡林是不愿意有家室之累的，况且长辈给他娶的并不是他心仪的女孩儿。可那时候的规矩是"父母之命，媒妁之言"，婚姻当事人是无权参与的，因此季羡林对于这桩婚事除了服从没有别的选择。

在济南南关佛山街柴火市，有一段时间季家住前院，彭家住后院，两家的孩子常在一起玩。彭家有好几个女儿，其中四姑娘小荷聪明伶俐，和季羡林年龄相仿，小时候，俩孩子十分要好，朦胧中都把对方当作自己的意中人。不知道两家大人是怎么想的，季羡林最终娶的不是老四，而是她的堂姐彭德华。彭德华端庄、勤快、贤惠、孝顺，在叔叔婶婶眼里是最合适的媳妇。1933 年，季羡林夫妇有了女儿婉如，又过了两年，有了儿子延宗，老一辈交给季羡林夫妇的延续香火的使命完成了。可是，对季羡林夫妇来说，由于文化水平的差异，他们的婚姻生活实在谈不上美满。2002 年，91 岁的季羡林回忆当年从清华毕业，回济南省立一中任教时的家庭和婚姻，他写道：

> 一个人不管闯荡江湖有多少危险和困难，只要他有一个类似避风港样的安身立命之地，他就不会失掉前进的勇气，他就会得到安慰。按一般的情况来说，家庭应该起这个作用。然而我的家庭却不行。虽然同在一个城内，我却搬到学校里来住，只在星期日回家一次。我并不觉得，家庭是我的安身立命之地。

彭德华只读过几年小学，认识千把字。季羡林身在欧洲的时候，她从来没有给他写过一封信，因为她已经拿不起笔来了。季羡林终生研究的南亚和中亚古文字，对她来说就更是不折不扣的"天书"。季羡林当然苦闷，这种苦闷在他上大学的时候，在《清华园日记》中就有诉说。他在哥廷根留学时，遇到了温柔美丽的德国少女伊姆加德，伊姆加德也深深爱着他，她的父母迈耶夫妇也很喜欢季羡林。可是，季羡林不是徐志摩，不是郭沫若，他来自礼仪之邦，来自孔孟之乡。他深知自己是有家室的人，没有爱和被爱的权利。他忠于自己的义务。于是他一狠心，一跺脚，斩断情丝，选择了永远离开。

季羡林的婚姻是为"孝顺"而存在的。在相当长的时间里，代他为叔叔婶母行孝的正是妻子彭德华。婚后季羡林进京求学，一年半载才回一次家。后来他又远赴欧洲，一走就是十一年，由于战火阻隔，好几年音信皆无。丈夫出国的时候，女儿不满三岁，儿子不到一岁。不久抗日战争爆发，济南沦陷。在日军残暴统治下，家里生活十分贫困，公公年迈，孩子又小，彭德华和婆母为支撑这个家，吃了多少苦，受了多少累，担了多少惊，受了多少怕，只有她们自己知道。季羡林回国以后，由于战争硝烟仍未止息，1947年暑假才有机会回济南团聚。此后又是十几年两地分居，直到1962年，他才将妻子和婶母接来北京。但没过上几年安定的日子，季羡林便在"文化大革命"中受到迫害。彭德华并不效法当时许多"黑帮家属"，"划清界限"，以求自保。她与季羡林相濡以沫，尽心照顾，吃了多少苦头，遭了多少白眼，只有她自己知道。

季羡林名气太大，而彭德华太平凡了，平凡到季羡林的许多学生只知道师母慈祥贤惠，却不知道师母姓什么叫什么。

彭德华逝世以后，季羡林在一篇散文中这样评价自己的妻子：

> 在文化方面，她就是这个样子。然而，在道德方面，她却是超一流的。上对公婆，她真正尽上了孝道；下对子女，她真正做到了慈母应做的一切；中对丈夫，她绝对忠诚，绝对服从，绝对爱护。她是一个极为难得的孝顺媳妇，贤妻良母。她对待任何人都是忠厚诚恳，从来没有说过半句闲话。她不会撒谎，我敢保证，她一辈子没有说过半句谎话，如果中国将来要修《二十几史》，而其中又有什么"妇女列传"或"闺秀列传"的话，她应该榜上有名。

正因如此，季羡林对妻子彭德华心存感激，尽管共同语言不多，却始终不离不弃。

季羡林的孝亲还突出地表现在他对叔父续弦的婶母陈绍泽的孝敬上。陈氏是1935年季羡林出国以后嫁到季家的，1947年季羡林回到济南才第一次见到。第一次见面，她斜着眼睛打量这位从天上掉下来的侄子，不知道他究竟是好是坏。季羡林以自己的实际行动，证明了他是一个有良心的人，是一个极重感情、知恩图报的人。季羡林在散文《寸草心》里，借用唐代诗人孟郊的那首诗，歌颂了作为自己长辈的三位女性——大奶奶、母亲和老祖（即婶母陈绍泽）。关于老祖，他写道："她不是一个一般的人。在我离家十二年，我在欧洲经历了第二次世界大战，她在国内经历了日军占领和抗日战争。我是亲老、家贫、子幼。可是鞭长莫及。有五六年，音信不通。上有老，下有小，叔父脾气又极暴烈，甚至有点乖戾，极难侍奉。有时候，经济没有来源，全靠她一个人支撑。她摆过烟摊；到小市上去卖衣服家具；在日军刺刀下去领混合面；骑马到济南南乡里去勘查田地，充当地牙子，赚点钱供家用；靠自己幼时所学的中医知识，给人看病。她以'少妻'的身份，照顾难以对付的'老夫'。她的苦心至今还催我下泪。在这万分艰苦的情况下，她没有让孙女孙子失学，把他们抚养成人。总之，一句话，如果没有老祖，我们的家早就完了。"正是因为季羡林铭记老祖的恩情，1962年季羡林把妻子和老祖接到北京，30年如一日悉心奉养，而且教育子女和孙子女孝敬老祖。记得20世纪60年代，笔者读大学的时候，他担任系主任，工作十分繁忙。有时候却见他步行五六里路，到海淀西大街一家回民饭馆排队买炸鱼，一打听才知他是为老祖买的，因为老祖喜欢这一口。老祖活着的时候，绝对是一家之主，她以90岁高龄辞世。

据季羡林的朋友欧阳中石回忆，由于城市建设和城市规模的迅速扩大，季羡林叔父和婶母的坟茔已经无处寻觅，季羡林为此非常不安。他委托欧阳中石的夫人张茝京女士，在济南郊区另找新址，为叔父和两位婶母重新建造了合葬墓，了却了一桩心愿。

据季羡林的邻居反映，季老家中数十年你尊我让，从来没有吵过架，与邻居也是和睦相处，关系融洽。学生段晴用这样的诗句，记载恩师家那些温馨的日子："忆昔荷畔清屋居，炊香书味总相宜。莫论人间疾与苦，儿女承欢有贤妻。"季羡林认为，要处理好家庭关系，一要真诚，二要容忍。他说："人处在家庭和社会中，有时候恐怕需要讲点容忍的。唐朝有一个姓张的大官，家庭和睦，美名远扬，一直传到了皇帝的耳中。皇帝赞美他治家有道，问他道在何处，他一口气写了一百个'忍'字。"季羡林自己何尝不是如此。他的忍是他"尽孝道"导致的直接结果之一。

三曰尊师

"古之学者必有师。师者，传道、授业、解惑也。"季羡林求学20余年，教过他的老师不下百位。师生关系在旧时代是"六纪"之一，所谓"一日为师，终身是父"；可这是旧道德，时代不同了，不宜再提倡。季羡林提倡的尊师有所不同，他有一套"接力棒理论"，从20世纪50年代直到晚年，是一贯坚持的。

关于"接力棒"的比喻，在季羡林的著述中多次出现。比喻的对象，一开始是指师生关系，指学业；后来扩大为事业乃至人类社会和人类理想。仅举几个例子：

1959年，季羡林在一篇文章中谈到研究学问时写道：

我们既要自己钻研，同时也要兢兢业业地向老师学习。打一个不太确切的比喻，老师和学生一教一学，就好像是接力赛跑，一棒传一棒，跑下去，最后到达目的地。我们之所以要尊师，就是因为老师在一定意义上是跑前一棒的人。一方面，我们要从他手里接棒；另一方面，我们一定会比他跑得远，这就是所谓"青出于蓝，而胜于蓝"。

1995年季羡林在另一篇文章中写道：

> 我相信，不管还要经过多少艰难曲折，不管还要经历多少时间，人类总会越变越好的，人类大同之域决不会仅仅是一个空洞的理想。但是，想要达到这个目的，必须经过无数代人的共同努力。有如接力赛，每一代人都有自己的一段路程要跑。又如一条链子，是由许多环组成的，每一环从本身来看，只不过是微不足道的一点东西；但是没有这一点东西，链子就组不成。在人类社会发展的长河中，我们每一代人都有自己的任务，而且是绝非可有可无的。如果说人生有意义与价值的话，其意义与价值就在这里。
>
> 但是，这个道理在人类社会中只有少数有识之士才能理解。鲁迅先生所称之"中国的脊梁"，指的就是这种人。

1998年9月9日季羡林又撰文称：

> 我觉得，在人类前进的极长的历史过程中，每一代人都只是一条链子上的一个环。拿接力赛来作比，每一代人都是从前一代手中接过接力棒，跑完了一棒，再把棒递给后一代人。这就是人生。人生的意义与价值就在于认真负责地完成自己这一棒的任务。做到这一步，就可以心安理得了。

就季羡林本人来说，他从自己的老师陈寅恪、瓦尔德施米特等人手里接过接力棒，跑了几十年，他的这一棒跑得很出色，且已经把接力棒交给了自己的学生。他问心无愧，可以心安理得了。

季羡林是一位学者，他的学问是为往圣继绝学，他的成就是多方面的，这里只说最主要的。

季羡林治印度学是从学习佛教梵文入手的。20世纪30年代中后期，在德国，他在瓦尔德施米特教授指导下，艰苦奋斗三年时间，从对佛教梵语一无所知，到以优异成绩取得博士学位。1941年后他被迫留在德国的四年内，又接连写了三篇有关佛教梵语的论文，发表在哥廷根科学院院刊上，其中有些重要发现在研究所引起轰动。论文有些观点在数十年后梵文界仍然有人引用，如1956年的《原始佛教的语言问题》、1958年的《再论原始佛教的语言问题》，以及1984年的《三论原始佛教的语言问题》《中世纪印度雅利安语二题》。1985年以后，季羡林的佛教梵语研究进入冲刺阶段，发表了多篇有分量的论文。季羡林研究佛教梵语几十年，指导思想是把对佛教梵语的研究同印度佛教史的研究结合起来，找出语言发展的规律性的东西。季羡林以一个语言学者的身份研究佛教，通过原始佛典的语言现象来探讨最初佛教的传布与发展，找出其中演变的规律。在印度佛教史方面，1987年他写了一篇长文《佛教开创时期的一场被歪曲被遗忘了的"路线斗争"》，为提婆达多翻案。他发现了在中亚和中国内地的佛教信仰中，弥勒信仰的重要作用，也是发前人未发之覆。他的那两篇关于"浮屠"与"佛"的文章，解决了佛教传入中国的道路的大问题。季羡林在研究佛教梵语方面取得如此成就，他终生感谢他的老师瓦尔德施米特教授，称他为自己的"博士父亲"。读季羡林的文集，读者可以发现，每次提到瓦尔德施米特，他都充满了敬意与怀念。

季羡林是中国学习吐火罗语第一人，是吐火罗语大师西克教授的嫡传弟子。所谓吐火罗语，现在的通用名称是焉耆-龟兹语，曾经流行于古代吐鲁番、焉耆、库车一带，属印欧语系。吐火罗文残卷只有中国新疆才有，1890年被发现后，德国学者西克和西克灵在比较语言学家W.舒尔策的帮助下，用了20年时间读通了这种古代语言。他们三人合著的吐火罗语语法是这门学问的经典著作，也是季羡林学习这种语言的教科书。西克在教季羡林的时候已年过古稀，季羡林把这位老人当成祖父一样看待。在第二次世界大战后期，德国境内各种物资，特别是食品极度紧缺，师生普遍吃不饱肚子。季羡林决心尽自己所能给老师增加点儿营养，给老人一点儿欢悦。他从自己少得可怜的食品配额中硬挤，一两个月没有吃奶油，想方设法弄到点儿面粉、鸡蛋和白糖，到一家最有名的糕点店烤了一个蛋糕。这无疑是一件极其贵重的礼物，季羡林捧着蛋糕出现在西克教授面前，老人出乎意料，双手有点儿颤抖，叫来老伴，共同接了过去，连"谢谢"二字都说不出来了。

笔者以为，季羡林最骄人的学术成就，莫过于他在文化学方面的贡献。在这方面，讲"名师出高徒"是恰如其分的。季羡林的确是从他的老师陈寅恪和吴宓手中接过了接力棒，跑出了优异成绩。

20世纪80年代，随着我国社会主义经济建设的发展，文化建设的任务提上了议事日程。因为，人类历史上任何社会，都不能单靠科技来支撑，物质文明必须与精神文明同步建设。随着国门打开，一些人产生了近乎病态的崇洋心理，全盘西化的主张一时间甚嚣尘上。季羡林感到深深的忧虑，经过慎重思考，潜心研究，他在1989年写了一篇重要文章《从宏观上看中国文化》，提出："评价中国文化，探讨向西方文化学习这样的大问题，必须把眼光放远，必须把全人类的历史发展放在眼中，更必须特别重视人类文化交流的历史。必须在上下几千年、纵横数万里的宏观上进行考察，只有这样，才能做到公允和客观。"他的主要观点是：人类文化产生是多元的。人类文化绝不是哪一个国家或民族单独创造出来的。从人类几千年的历史来看，民族和国家，不论大小，都或多或少地对人类文化宝库作出了自己的贡献。但是，每一个民族或国家的贡献又不完全一样。有的民族或国家的文化对周围的民族或国家产生了比较大的影响，积之既久，形成了一个文化圈或文化体系。人类自从有历史以来，共形成了四个大文化圈：古希腊、罗马一直到近代欧美的文化圈，从古希伯来起一直到伊斯兰国家的闪族文化圈，印度文化圈以及中国文化圈。在这四个文化圈内有一个主导的影响大的文化，同时各个民族或国家又是互相学习的。在各个文化圈之间也是互相学习的。这种相互学习就是文化交流。文化交流促进人类文化的发展，推动社会前进。倘若从更大的宏观上来探讨，这四个文化圈又可以分成两大文化体系：第一个文化圈构成了西方大文化体系；第二、第三、第四个文化圈构成了东方大文化体系。这两大文化体系之间的关系也是互相学习的。从历史上来看，二者的关系可以用一句俗语来概括，这就是"三十年河东，三十年河西"。

季羡林认为，在历史上，东方文化曾经辉煌过，引领过世界潮流。自工业革命以后，西方文化逐渐占了上风。西学东渐是不可抗拒的历史潮流。我们需要向西方学习，全盘西化，理论上讲不通，事实上办不到。任何一种文明都必须避免两个极端：一不能躺在光荣的历史上，成为今天的阿Q；二不能只看眼前的情况，成为今天的贾桂。从人类全部历史来看，东方文化和西方文化的关系确是"三十年河东，三十年河西"，目前流行全世界的西方文化并非从来如此，也绝不可能永远如此，到了21世纪，"三十年河西"的西方文化就将逐步让位于"三十年河东"的东方文化，人类文化的发展将进入一个新时期。

自20世纪初以来，中国学术界陆续出现了一些国学大师。其主要原因是西方文化、西方学术思想和哲学思想以排山倒海之势涌入中国，中国学坛上的少数先进人物接受了西方的影响，同时又忠诚地继承和发展了中国古代优秀的学术传统，于是就开出了与以往不同的鲜艳的花朵，出现了少数大师。如王国维、梁启超、陈寅恪、汤用彤等。1919年，陈寅恪和吴宓在美国哈佛大学作过一次长谈，谈话的内容是关于中西文化的长短、优劣、异同以及体用问题。90 年前，陈寅恪为国富民强的理想提供了一个全新的文化学视角，吴宓在日记中对此有详细的记载。这些见解的深刻性和全面性，不仅远胜过去的洋务派，而且远胜新文化运动以来那些"全盘西化"的主张。后来，陈寅恪和吴宓都在清华大学执教，成为季羡林的业师。他们的学术思想和治学方法，影响了季羡林的一生。季羡林到北京大学任教，也得益于陈寅恪的推荐。季羡林继承和发展了陈寅恪和吴宓关于东西方文化的观点，他之所以比别人看得远些，是因为他站在巨匠的肩头。陈寅恪和吴宓那次长谈闪耀的思想火花，70 年后在季羡林手上燃成了熊熊的火炬。

关于陈寅恪的治学，以前曾有一种误解，即仅仅把他看成一个考据家，这其中自然含褒贬二义。有人则对他的史事考辨颇有微词，认为烦琐冗长，意义不大，甚至他的学生钱锺书也不愿听他的课。但是，1984年傅璇琮先生在《一种文化史的批评》一文中评论道："把陈寅恪的学问归结为考据，那只是看到它的极为次要的部分。从考据和资料上超过陈寅恪，应该说并不十分困难……陈寅恪难于超越之处，是他的通识，或用他的话来说，是学术上的一种'理性'（《王静安先生遗书序》，《金明馆丛稿二编》218 页）。这就是经过他的引证和考析，各个看来零散的部分综合到一个新的整体中，达到一种完全崭新的整体的认识。"1990 年季羡林也曾著文称陈寅恪先生"决不为考证而考证，他那种悲天悯人、明道救世的精神，洋溢于字里行间"。1997 年，季羡林在《学海泛槎》一书中说，他当年在清华大学旁听陈寅恪的"佛经翻译文学"和朱光潜的"文艺心理学"即美学，"陈、朱二师的这两门课，使我终身受用不尽。虽然我当时还没有敢梦想当什么学者，然而这两门课的内容和精神却已在潜移默化中融入了我的内心深处。如果说我的所谓'学术研究'真的有一个待'发'的'轫'的话，那个'轫'就隐藏在这两门课里面"。

季羡林的尊师，不仅表现在学术学业上，更重要的是表现在人格上。"疾风知劲草，板荡识诚臣"，在季羡林的一生中，有六位先生被他称为"恩师"。中国的三位：陈寅恪、汤用彤、胡适，德国的三位：瓦尔德施米特、西克、哈隆。这几位在他的心目中的地位可谓神圣，他一生经历了那么多风风雨雨，不管顶着多大的政治压力，都没有违心地批判他们。

关于季羡林同老师的交往，1996年，钱文忠写过一篇《经师人师的风范》，记录了他陪季羡林去给三位老先生贺年的情景。他写道：

> 1990年1月31日，先生命我随侍前往燕南园向冯友兰、朱光潜、陈岱孙三老贺年。路上结着薄冰，天气极为寒冷，也已是八十高龄的先生一路上都以平静而深情的语调，赞说着三位老先生的为人治学，先到朱先生处，只有夫人奚先生在家，先生身板笔直，坐在旧沙发的角上，恭恭敬敬地贺年；再到冯先生三松堂，只有宗璞和蔡仲德先生在家，《冯友兰先生年谱初编》记其事曰"未遇"，先生身板笔直，坐在旧沙发角上，恭恭敬敬地贺年；最后到陈先生处，陈先生倒是在家，见先生来访，颇为惊喜，先生仍是身板笔直，坐在旧沙发角上，恭恭敬敬地贺年，其时两卷本《陈岱孙文集》正好出版，陈先生从内室取出书，题签，起身，半躬着腰，双手把书送给先生，先生也是起身，半躬着腰，双手接过，连声说："谢谢，谢谢。"冬天柔和的阳光，照着两位先生的白发……这几幕场景一直鲜明地印在我的记忆中。

季羡林尊师若此，他本人当然也赢得了广大学子的爱戴和尊敬。走在校园里，经常有认识或不认识的学生向他表达敬意。1998年秋季开学不久，一天早晨，季羡林来到家门前的荷塘边，无意间发现刚下过雨的泥地上，用树枝写的两行字："季老好！98级日语。""来访。98级日语。"显然，这是一些刚刚踏进校门的新生，来拜访他们崇敬的季先生了。他们可能在荷塘边伫立了许久，仰望着先生书房窗户透出的灯光，不忍心去打扰，就在泥地上写下了这几个字。季羡林望着这几个字，老泪滴落在泥地上。

四曰重友

在中国人的人际关系中，朋友被列为"六纪"之一，是相当重要的。季羡林一生交了许多朋友，虽然说"君子之交淡如水"，但依然充满了浓浓的友情。他们在政治上互相爱护，学术上互相切磋，生活上互相关心；同欢欣，共患难，相扶相伴，走过崎岖不平的人生之路。

季羡林小时候的玩伴杨狗和哑巴小，当年三个小伙伴每日形影不离。杨狗一辈子在村里务农，季羡林晚年回官庄，多次去看望这位老朋友，还叮嘱晚辈，尽量给杨狗一些帮助。哑巴小后来进入绿林，被官府砍了脑袋。

季羡林的亲密学友有李长之、吴组缃和林庚，他们当年都是文学青年，志同道合，号称"清华四剑客"；还有乔冠华和胡乔木，二人后来当了高官，尽管季羡林敬官而远之，可同他们的友谊却保持了几十年。他留学时结交的章用，可惜英年早逝；张维，他们一直保持联系。2005年4月，北大中文系为林庚教授祝贺95岁生日。季羡林从医院写来"相期以茶"的条幅，还有亲笔贺信，信中回顾了他们70多年的交往，并说："我们都是老实人，不愿意作惊人之笔"。

季羡林同许多老一辈学人保持着亦师亦友的关系，应了"平生风义兼师友"这句话。除了上面提到的，还有作家巴金、老舍、沈从文、冰心，诗人冯至、臧克家，历史学家范文澜、郑天挺、向达，敦煌学家常书鸿，民俗学家钟敬文，物理学家周培源，语言学家王力，等等。季羡林同他们交往一向执弟子礼，但又不失为心有灵犀的好朋友。

至于季羡林的同辈及晚辈的学人，好朋友就更多了。大家熟知的有国学家饶宗颐、启功、汤一介，画家吴作人、范曾，书法家欧阳中石、梁披云，剧作家吴祖光，红学家周汝昌、冯其庸，历史学家周一良、翁独健、马石江、白寿彝，哲学家任继愈，历史地理学家侯仁之，作家张中行、李广田、金庸、韩素音、徐城北，物理学家王选，语言学家许国璋、于道泉，社会学家费孝通，摄影家邵华，出版家石景宜，还有日本著名学者池田大作、中村元、室伏佑厚，韩国的金俊烨，泰国的郑午楼、陈贞煜，等等。他们互为知音，互为知己，志趣相投，惺惺相惜。

在季羡林的众多弟子和读者中，被季羡林引为知己，称为朋友的人不在少数。就是朋友的朋友，弟子的下一代，甚至第三代，季羡林也以"老友"或"小友"相称。这里，笔者摘录中央电视台编导周兵的文章，其中回忆拍摄《东方之子》时采访季羡林的情景："我见过老人家三次。第一次是和白岩松在1995年做《学者访谈录》。当时季羡林老师坐着，在白岩松掏名片的一刹那，他就站起来，弯着腰等着。白岩松掏了较长时间，季老就一直弯着腰等着，这个场景到现在都是很清晰。后两次见他，虽然他可能已经不记得我们，但是我们每次走的时候，他依然会站在他们家门口，很有礼貌地望着我们渐渐走远。做人做到这份上真让人敬佩。"

是不是季羡林跟所有的人都交朋友呢？那倒不是。"物以类聚，人以群分。"古希腊哲人说："告诉我你的朋友是谁，我就知道你是谁。"季羡林也把他交往的对象分为"朋友"和"非朋友"——非朋友不一定就是仇敌。

季羡林2000年1月写了一篇《佛山心影》，文中总结了自己的交友之道。季羡林选择朋友的标准是很高的，同这些标准相悖的人，季羡林是归入"非朋友"之类的。而季羡林的所谓"重友"，具体来说，就是用以下标准来要求和规范自己的行为。

第一条："质朴、醇厚、诚恳、平易"。这几个字用来形容季羡林本人是再恰当不过了。张中行在《季羡林先生》一文中描写道："结识之前，有关季先生的见闻，虽然不多，也有值得说说的，用评论性的话总而言之，不过两个字，是'朴厚'。在北京大学这个圈子里，他是名教授，还有几项煊赫的头衔：副校长、系主任、研究所所长，可是看装束，像是远远配不上，一身旧中山服，布鞋，如果是在路上走，手里提的经常是个圆筒形上端缀两条带的旧书包。青年时期，他是很长时期住在外国的，为什么不穿西服？也许没有西服。老北大，在外国得博士学位的胡适也不穿西服，可是长袍的料子、样式以及颜色总是讲究的，能与人以潇洒、高逸的印象。季先生则不然，是朴实之外，什么也没有。"

张中行还举了一个让他深受感动的例子：人民大学出版社印了几个名人的小品，其中有季羡林和张中行的。一个学生的儿子开小书店，拿着书登门，求张先生签名，并请张先生代他登季先生之门求签。他认为季先生名位太高，不敢直接去求。张先生拿着十来本书来到季宅，让来人在门外等。季先生边签名边对张先生说，"卖我们的书，这可得谢谢。"签完便走出来，握着来人的手，连声道谢。来人念过师范大学历史系，见过一些教授，但没有见过向求人的人致谢的教授，一时不知道说什么才好，嘴里咕噜了两句，抱起书跑了。

还有一件事几乎尽人皆知。就是有一年新生入学，有个新生临时有什么事，把行李放在路边，请一位工友模样的老者帮忙看行李。第二天开学典礼这位同学发现，这位"老工友"居然坐在主席台上。他原来就是副校长,大名鼎鼎的季羡林教授!平易至此,难以附加矣!

第二条:"骨头硬,心肠软"。硬骨头精神,"士可杀,不可辱","千军可夺帅,匹夫不可夺志",这是自古以来中国知识分子的传统。季羡林在大是大非面前,正气凛然,不惜杀身成仁,一生共有三次,一次是1931年,一次是1942年,前文已经讲过;第三次是1967年冬天,他被打成"反革命",便决心以死抗争。

季羡林所说的硬骨头,主要指人格、国格。他说:

> 我认为中国伦理道德中有两点值得提倡,第一点是讲气节、骨气。一个人要有骨头。我们现在不是还讲解放军硬骨头六连吗?文章也讲风骨。骨头本来是讲一种生理的东西,用到人身上,就是指人要讲气节。孟子就讲富贵不能淫,贫贱不能移,威武不能屈,此之谓大丈夫。富贵我们也不怕,贫贱我们也不怕,威武我们也不怕,这在别的国家是没有的。就是说作为一个人,我有我的人格,顶天立地,不管你多大的官,多么有钱,你做得不对我照样不买你的账。……我常对年轻人讲,不仅在国内要有人格,不能一见钱就什么都不讲了,出国也要有国格,不能忘记自己是中国人,不能忘记国格。

他又说:

> 眼前,我们国家社会正处在转型时期,由于众多的原因造成了我们仍然是一个穷国,人们,当然包括知识分子在内,工资极低,同国外比较起来,简直让人感到寒碜和脸红。我认为,这只能是一个暂时的过渡现象,将来一定会改变的。我们眼前的日子确实过得非常紧,可并没有看到哪一个知识分子真正挨饿的。而且按照中国

古老的传统，越是在困难中越应该显出我们的骨气。"岁寒然后知松柏之后凋也。"这句话道出了中国知识分子的心声。

英国籍作家韩素音在《谈谈季羡林教授》一文中说："我可以继续地写季羡林，写他尊严的人格，他对于物质利益的毫不动心，他对于书的热爱，他的耐心，还有他的充分的真诚。对我来说，他将永远是气节的象征。他毫不追求权力、财富或者被人颂扬，他整个地献身他的国家中国和中国人民，还有他不动摇的忠诚，对我们所有的人来说，都是一个榜样。"

说到心肠软，季羡林对祖国、对生命、对自然、对人类充满了爱。1973年他回官庄，看见乡亲们日子过得苦，心里很难过。为了让乡亲们看病方便，为了娃娃们上得起学，他曾经多次为官庄卫生室和小学捐书、捐款。1994年，他获得了北京大学特别奖，在奖金还没有领到手，数目尚不清楚的情况下，他写信给故乡的晚辈，决定给官庄捐一万元人民币，用来发展教育，而此时他的夫人生病住院正需要花钱。2008年5月12日汶川发生特大地震，病中的季羡林慷慨解囊，捐出20万元稿费，为的是不让灾区的孩子失学。

第三条："怀真情，讲真话"。2001年乐黛云教授选编了一部季羡林的散文集，书名为《三真之境》。乐黛云说："每次读季羡林先生的散文都有新的体味。我想那原因就是文中的真情、真思、真美。"季羡林有句名言：真话不全说，假话绝不说。前半句的意思是，有时因为迫于情势，真话不能做到"知无不言，言无不尽"；而后半句，绝不说假话，这是他做人的道德底线。

北大中文系教授袁行霈回忆说，"大跃进"时期中文系和东语系的部分教师在密云炼钢。季羡林作为东语系主任前去看望，并和他们一起住了两天。那时候，有些人喜欢说些鼓动性的话，编一些顺口溜体的鼓动词，甚至说些言不由衷的假话、大话、空话。以季先生的身份和肩负的任务，理当说些鼓动的话。可是他什么都没有说，只是默默地和大家一起干活。

《书摘》杂志主编李春林说，季先生"待己敬，待人敬，他生活在敬的境界中。待己敬，也就是忠实于自己的人生原则，不随波逐流，不人云亦云，不矫情饰行，不圆通练达。20世纪90年代初，先生不止一次讲过：'我了解北大的学生，大学生是爱国的。'稍后两年，先生又常说：'大学生是爱读书的，不信你到北大图书馆看看。'在当时，这话都是许多人想说而不便说或不愿说的话。但季先生说了。"

季羡林的洋弟子、日本学者辛岛静志说："先生于名利看得很轻，于情却看得很重。在先生家读书时看到，每逢来了客人，无论对谁，先生总是亲自送客送到门口。与师母更是相濡以沫。去年（1995年）夏天曾与妻子带着九个月的儿子去看先生，谁知，离京的前两天，先生竟托人带给我们一身小衣服，说是送给小孩的。"

从生活中的一点一滴的小事，即可看出季羡林绝对出自真心，而非故意包装自己。他家的卫生间里，经常放着一桶从门前池塘打来的浑水，用来洗拖把、冲马桶；九十多岁了，他还拎着塑料袋、手持竹夹，在楼前池塘边捡拾游人扔在地上的垃圾……

第四条："不阿谀奉承，不背后议论"。俗话说："逢迎拍马，君子不齿，拨弄是非，君子不为。"季羡林一生淡泊宁静，敬官而远之，对自己的朋友也不例外。他的一位青年时代的朋友当了大官，不时送他一些各地的土特产品，可是他除了自己写的书，没有回赠过什么。那位朋友不止一次到北大看望他，可是他只到朋友家里去过一次，还是应邀去谈工作的。这位朋友请他同游敦煌，那时他对敦煌学研究多年还没有到过敦煌，真想去看一看，可是他一想到下边接待的那种场面，心里就感到别扭，于是谢绝了。笔者同季老交往40多年，从未听到过季老背后议论别人的不是。知识分子中有一种很不好的风气，就是"文人相轻"，季羡林经常批评那些自以为"天下第一"的人。他自己做人一贯低调，可是他奖掖后学却从来不遗余力。"平生不解藏人善，到处逢人说项斯。"写推荐信、写评语、写序言，总是想方设法为年轻人鸣锣开道。他在自己的研究成果中引用他人的学术成果，哪怕只有一点点，也不忘注明出处。

学术问题上有不同意见是常有的事，季羡林的做法是，当面表明态度，比如他同李慎之先生关于东西文化不同意见的争论就是如此；如果对方不在场，那就对事不对人，比如2006年12月，他在接受记者采访时，谈及陈寅恪当年考证杨玉环是否以处女之身入宫，某学者以为无聊，记者问："这位学者是谁？"季老答："这不重要吧。我们谈学术，不必指名道姓。"

第五条："不人前一面，人后一面"。一个人能做到表里如一、光明磊落，实属不易。有道是"识时务者为俊杰""好汉不吃眼前亏"，可是季羡林当不了这样的俊杰或好汉，因为不肯说违心的话，他在"牛棚"里受了太多的皮肉之苦；因为不肯做违心的检讨，他宁可"蹲小号"、坐"喷气式"。回眸20世纪50年代批判胡适运动，各家豪杰万炮齐轰，季羡林独独保持沉默。其实，不表态就是一种表态，因为季羡林认同胡适的"大胆的假设，小心的求证"的治学方法，而且从未忘记胡适的知遇之恩。当时他承受的政治压力之大，非亲历者难以想象。1986年，季羡林写了《为胡适说几句话》一文，震惊文坛。当时，胡适还是个"反面教员"，评价胡适尚属禁区，有朋友劝他不要写这样的文章，免得招来麻烦。可是季羡林认为，这不仅是对一个人的评价问题，而是涉及许多重大学术问题，自己应该站出来说话，把真相告诉大家，还胡适以本来面目。季羡林的文章开启了重评百年学术史的先河。

第六条："无哗众取宠之意，有实事求是之心"。2002年秋天，季羡林在住院期间写了一篇长文《在病中》。文章说"我现在想借这个机会廓清与我有关的几个问题。"接着,他郑重地写下了《辞"国学大师"》《辞学界(术)泰斗》和《辞"国宝"》三节文字。他写道:"三顶桂冠一摘,还了我一个自由自在身。身上的泡沫洗掉了,露出了真面目,皆大欢喜。露出了真面目,自己是不是就成了蒙着华贵的绸罩的朽木架子而今却完全塌了架了呢?也不是的。我自己是喜欢而且习惯讲点实话的人。讲别人,讲自己,我都希望能够讲得实事求是,水分越少越好。我自己觉得,桂冠取掉,里面还不是一堆朽木,还是有颇为坚实的东西的。"季羡林有实实在在的成就,所以他充满自信而绝不炫耀。货色不行,靠廉价的桂冠、吹捧、包装,都是靠不住的。2006 年 1 月,季羡林的回忆文集《此情忧思》出版,他不主张开新书发布会,出版社坚持要开,他约法三章:第一,不要请领导同志到会;第二,不要摆放他同领导同志的合影;第三,他本人不到会,也不要放映他的讲话录像。他说,书好不好读者说了算,人家说好,是鼓励,人家挑毛病是鞭策,都应表示感谢。

权力、地位、金钱、名誉,甚至知识,都可以成为人们炫耀的资本。季羡林却是一个懂得享受寂寞的人。1980 年季羡林第一次访问日本。日本学界举行招待会,与会者都知道季羡林是北大副校长、著名敦煌学家,却无人知晓他在印度学方面的成就。酒过三巡,日本学者原实借着酒意问季羡林:"听说您在德国学过梵文,教授是哪一位?"季羡林回答:"在哥廷根,教授是瓦尔德施密特。"原实接着问:"您或许就是那位研究梵文动词不定式的季羡林?"季羡林淡然答道:"是的。"他乡遇知音,季羡林毫不喜形于色,更不骄矜,他的淡泊宁静,让日本学者佩服得五体投地。

第七条:"不是丝毫不考虑自己的利益,而是能多为别人考虑"。1999 年,季羡林写了一篇《关于人的素质的几点思考》。文章说:"道德讲善恶，讲好坏，讲是非，等等。那么，什么是善，是好，是是呢？根据我上面的说法，我们可以说：自己生存，也让别的人或动植物生存，这就是善。只考虑自己生存不考虑别人生存，这就是恶。《三国演义》中说曹操有言：'只教我负天下人，不教天下人负我。'这是典型的恶。要一个人不为自己的生存考虑，是不可能的，是违反人性的。只要能做到既考虑自己也考虑别人，这一个人就算及格了，考虑别人的百分比愈高，则这个人的道德水平也就愈高。"讲到季羡林为别人考虑，举个简单的例子：1981 年，硕士研究生王邦维需要借阅北京图书馆的《赵城金藏》，对一些古代刻本作校勘。经联系，北图答复，因为是稀世文物，只有像季羡林这样的学者才可以借阅，研究生不行。季羡林当时担任北大副校长、南亚研究所所长，还有许多兼职，工作十分繁忙。王邦维不敢为自己的研究任务耽误季老的时间。季羡林知道后，硬是挤出一天时间陪王邦维去北京图书馆，抄校这部经典。

第八条："最重要的是能分清是非，又敢于分清，因而敢于路见不平，拔刀相助，疾恶如仇"。季羡林讨厌那种是非不分的"浑人"，看不起在恶势力面前畏首畏尾的"孬种"。"文化大革命"期间，季羡林看见白发盈顶的老教授周培源不畏强权、站出来反对不分是非的人聂元梓，心中十分钦佩。他也直言不讳，批评其"以势压人"。有人警告他："当心你的脑袋！"他毫不畏惧，心想"你越来逼我，我就越不买账。"他豁出去了，在日记中写道："为了保卫毛主席的革命路线，虽粉身碎骨，在所不辞！"他因此"获罪"被抓进"牛棚"，备受迫害。但他始终不悔，并以此为自己今生最得意的事情之一。最近读纪念季老的文集，看到他仗义执言的另一个例子：1986 年 4 月，季羡林和时任北大副校长张学书一行应洛阳北大校友会之邀去参观访问。当时坐软卧有级别要求，列车长看到客人是位 70 多岁的老者，为了便于照顾，就临时调整了铺位，把季羡林、张学书和两位随行人员安排在第一间包厢。谁知后来上来一位司局级官员，见自己的铺位被调换了，大发雷霆。他拒绝去另外安排的铺位，在通道跺着脚，大声嚷嚷，说"有人级别不够，也坐软卧。车长滥用职权，调换铺位。我要向铁道部反映，撤了他的职！"年轻的列车长被"训"得直掉眼泪。季羡林充分肯定了列车长的爱老行为，而对那位官员的霸道行为十分反感。他悄悄对随行的工作人员说："你去找这个人，贴近他的耳朵告诉他两个意思：第一，你这种做法实在太过分了。第二，如果你去铁道部告状，撤列车长的职，包厢里那位老人就以人大常委的身份去找总理，要求撤你的职。说完你就回来，不必和他吵架。"那位工作人员照办了。说来也怪，刚才还大吵大闹的那位官员立刻安静下来，悄悄离开了软卧车厢。

可是对于学术上的争论，季羡林却是高挂"免战牌"，他不相信"真理越辩（辨）越明"，主张大家唱一出《三岔口》，你打你的，我打我的，是非优劣，让观众去评判，因为打笔墨官司容易使当事双方丧失理性，互相攻击，其结果是离真理越来越远。

第九条："关键是一个'真'字，是性情中人"。季羡林多次讲自己是性情中人。季羡林一生怀真情、说真话，光明磊落、坦坦荡荡，敢爱敢恨，敢作敢当，是非分明。对于那些城府很深、捉摸不透，整天戴着面具，喜怒哀乐不形于色的人；对于那些对人毫无感情、冷若冰霜的人，季羡林是不同他们交朋友的。季羡林说："我是一个'性情中人'。我对亲人，对朋友，怀有真挚的感情。这种感情看似平常，但实际上却非常不平常。我生平颇遇到一些人，对人毫无感情。我有时候难免有一些腹诽，我甚至想用一个听起来非常刺耳的词儿来形容这种人：没有'人味'。按说，既然是个人，就应当有'人味'。然而，我积八十年之经验，深知情况并非如此。'人味'，岂易言哉！岂易言哉！"

季羡林把求真务实的作风，提到"学术良心"的高度。他说："学术是老老实实的东西，不能掺半点假。通过个人努力或集体努力，老老实实地做学问，得出的结果必然是实事求是的。剽窃别人的成果，或者为了沽名钓誉创造新学说或新学派而篡改研究真相，伪造研究数据，这是地地道道的学术骗子。"

君子和而不同。季羡林和他的朋友是君子之交，绝不是你好、我好，一团和气。且不说当年"清华四剑客"在工字厅外经常争论得面红耳赤，就是同终身挚友臧克家、终生敬重的沈从文等人的交往，季羡林也是从对某一作品的不同意见开始的。朋友们相互间坦诚相见的批评意见，不仅没有让对方感到不快，反而成了他们数十年友谊的开端。

季羡林最钦佩的是孟子所说的那种"大丈夫"。在他的心目中，师友中的陈寅恪无疑是这样的"大丈夫"。季羡林称赞他是"一个真正的中国人，一个真正的中国的知识分子"。还有被国民党反动派杀害的胡也频，在日本统治时期宁可饿死不与侵略者合作的鞠思敏，季羡林对他们都怀着深深的敬意。他说，以他们作为自己的楷模，见贤思齐，心向往之，"虽不中，不远矣"。与这样的贤者为友，相互学习、相互砥砺，其人格必日益高尚。即使这样的朋友已经故去，作为"后死者"，怀念他们的优良品质，同样能净化自己的灵魂。

2007年8月6日，温家宝总理到301医院看望季羡林时说："去年咱们谈的'和谐'，您提出人要自身和谐，我向中央作了反映，中央全会的决定里就吸取了您的意见。"又说："最近，我看您讲良知、良能。我认为，这是知和行的统一观，也是人的品德和能力的统一，这个思想很深刻。"

二、知行合一铸良能

季羡林作为学者和教授，有其学者教授的良能。能之良与不良，只能从实践中加以考察。季羡林是主张"知行合一"的，他的良能体现在他的"行"里。考察季羡林终生从事的教学、治学实践，他为聊城大学制定的校训"敬业、博学、求实、创新"即可概括他的良能。他说："我教了一辈子书，做了一辈子学问研究"，"如果硬要我来个总结，我想我这一生坚持的无疑是四个词：敬业、博学、求实、创新罢了"。

"敬业"：敬而爱之，业精于勤

季羡林终生以教学为业。1934年大学毕业以后，他在济南高中教书一年。1946年从欧洲留学回国，担任北京大学教授直至去世。他1983年获得北京市教育系统先进工作者称号，北京大学2006年授予他首届"蔡元培奖"；作为学者，哥廷根大学是他的学术发轫之地，2000年哥廷根大学授予他金质奖章，校长费古拉评价说："在哥廷根大学的历史上，曾经产生过45位诺贝尔奖获得者，在我看来，季博士就是我们的第46位。他所做出的成绩，与哥廷根大学历来的许多诺贝尔奖获得者荣誉相当。"作为印度学家，时任印度总理的莫曼汉·辛格说："季教授是世界最著名的印度学家之一"，"他对增进中国对印度文化的理解发挥了关键作用。为感谢他对印中关系做出的巨大贡献，印度政府和人民2008年授予他莲花奖"。作为翻译家，中国翻译工作者协会授予他"终身成就奖"；作为公众人物，中央电视台在2006年授予他"感动中国"年度人物奖。至于他的学术论文、专著、译著，获奖难以计数。获奖虽然不能说明一切问题，但有一点是肯定无疑的，即他在许多领域获得了常人难以企及的成绩。作为学者和教授，季羡林无疑是佼佼者。

在谈到如何获得成功时，季羡林十分欣赏王国维在《人间词话》里的一段话：

古今之成大事业大学问者，必经过三种之境界："昨夜西风凋碧树，独上高楼，望尽天涯路。"此第一境也。"衣带渐宽终不悔，为伊消得人憔悴。"此第二境也。"众里寻他千百度，蓦然回首，那人却在灯火阑珊处。"此第三境也。

1959年7月，他首次在《研究学问的三个境界》一文中引用这段话，并根据自己的经验和体会进行了解释：

第一境界，"昨夜西风凋碧树，独上高楼，望尽天涯路。"出自宋代词人晏殊的《鹊踏枝》。意思是：在秋天里，夜里吹起了西风，碧绿的树木都凋谢了。树叶子一落，天地间显得特别空阔。一个人登上高楼，看到一条漫长的道路，一直通向天边，不知道究竟有多么长。形象地说明了一个人立志做一件事情时的情景。志虽然已经立定，但是前路漫漫，还看不到什么具体的东西。他本人在1935年冬，立志学习梵文的时候，情况即是如是。

第二个境界"衣带渐宽终不悔，为伊消得人憔悴"引自柳永的《蝶恋花》。王国维借用那两句来比喻：在工作中一定要努力奋斗，刻苦钻研，日夜不停，坚持不懈，以至身体瘦削，连衣裳的带子都显得松了。但是，他（她）并不后悔，仍然是勇往直前，不顾自己的憔悴。季羡林认为，在三个境界中，这可以说是关键，根据他自己的体会，立志做一件事情之后，必须有这样的精神才能成功。要想在实践活动中找出规律来进一步推动工作，是十分艰巨的事情。就拿从事教育和科学研究的人来说吧，搞自然科学的，既要进行细致深入的实验，又要积累资料。搞社会科学的必须积累极其丰富的资料，并加以细致的分析和研究。在工作中，会遇到层出不穷意想不到的困难，一定要坚韧不拔、百折不回，决不允许有任何侥幸求成的想法，也不容许徘徊犹豫。只有这样才能得到最后的成功。接着，季羡林加进了自己的发挥，提出了"接力棒"理论："我们既要自己钻研，同时也要兢兢业业地向老师学习。打一个不太确切的比喻,老师和学生一教一学,就好像是接力赛跑,一棒传一棒,跑下去,最后到达目的地。我们之所以要尊师,就是因为老师在一定意义上是跑前一棒的人。一方面,我们要从他手里接棒;另一方面,我们一定会比他跑得远,这就是所谓'青出于蓝,而胜于蓝'"。学术事业、教学活动如同接力赛,一代一代薪火相传。

说明第三个境界的"众里寻他千百度,蓦然回首,那人却在,灯火阑珊处"引自辛弃疾的《青玉案·元夕》。意思是到处找他(她),也不知找了几百遍几千遍,只是找不到,猛一回头,那人就在灯火不太亮的地方。王国维引用这几句词来说明获得成功的情形。一个人既然立下大志做一件事情,于是就苦干、实干、巧干。但是什么时候才能成功呢?大可以不必过分考虑。只要努力干下去,而方法又对头,干的火候够了,成功自然就会到你身边来。季羡林本人则是经过数十年如一日的艰苦奋斗,终于登上了学术的巅峰。

季羡林的这篇短文,教给了无数向科学进军的年轻学子科学的方法。过了40年,他在题为《成功》的另一篇文章中说:"积七八十年之经验到了下面这个公式:天资+勤奋+机遇等于成功"。接着,他对成功的三个条件加以分析:天资是由"天"来决定的,我们无能为力。机遇是不期而来的,我们也无能为力。只有勤奋一项完全是我们自己决定的,我们必须在这一项上狠下功夫,他再一次引用王国维的那一段话,此时他的理解已经升华。作为成功人士,他有资格谈论如何获得成功。"勤奋",这就是季羡林成功的"秘诀",也是他用来度人的"金针"。

季羡林的勤奋是十分有名的,数十年来,每天凌晨四点钟刚过,他就点亮了燕园第一盏灯,人家说他是"闻鸡起舞",他说"不,是鸡闻我起舞。"他的这个早起的习惯坚持不懈,即使出国访问,也不例外。1986年11月,他出访尼泊尔,26日凌晨,写下了两篇随笔《飞跃珠穆朗玛峰》和《加德满都的狗》,次日清晨又写了两篇《乌鸦和鸽子》与

《雾》。别人在睡觉，他却在工作，他充分利用凌晨到早饭这宝贵的三四个小时，搞科研、写文章。因为别人起床以后，什么会议呀、电话呀、采访啊，还有杂七杂八的行政事务，他就很难找出整块的时间进行科研和写作了。整块的时间没有，零星的时间他也绝不放过。他发现了一些可以利用的时间的"边角废料"，比如在路上，在飞机上、火车上、汽车上、自行车上，特别是步行的时候，要不停地考虑问题，甚至可以下笔书写；还有在会上，他要参加的会议极多，会前会后总有些时间可用，就是会中，往往也可以挤出一些时间来。因为有些会议很长，发言者空话、套话不少，他只消用一只耳朵即可捕捉到必要的信息，余下的精力便可构思甚至写好一篇文章。

季羡林如此勤奋，其动力来自何方？他出身贫寒，最初是为了一只饭碗，不奋斗便无法生存；自从上高一受到省教育厅长、前清状元王寿彭的嘉奖，激发了他的荣誉感，名和利作为他勤奋的动力也是不可否认的。而后他去欧洲留学，看到许多纨绔子弟的不堪，他决心为中国人争一口气，再而后，他登上学术殿堂，以学术为业，敬业则成为动力，敬之深而爱之切，他的动力是逐步升华的。而季羡林的敬业是与他的爱国紧密联系的，也是他爱国的具体体现。他的敬业，是为国争光，为中国人争气，不仅争中国人在国际学坛上的话语权，而且立志"让外国学者跟着我们走"。敬业是中华民族的传统美德，是社会主义核心价值观的重要内容，季羡林把它作为校训之首，是经过深思熟虑的。试想，如果一个学生，对学业不敬不爱，抱着混文凭的心态，何谈博学？何谈成才？如果一位教师，对教学不敬不爱，得过且过混饭吃，甚至追名逐利，不择手段，又怎能教书育人？

敬业，说到底是责任心。唯有敬业之人，才可能对天下兴亡尽匹夫之责。季羡林说："干我们这一行，社会责任感很重要，用实际行动为大众着想，为学生着想，为社会尽到自己的义务，也就不愧学生叫我一声老师，不愧祖国和人民给我的这些信任了吧。"他是个责任心极强之人。举几个小例子：第一个例子，当年编纂《中国大百科全书》，季羡林担任"语言卷"主编，他深知责任重大。这样一部巨著必须能代表我国几千年研究语言学的传统和语言学研究水平，他感到诚惶诚恐，如履薄冰。考虑再三，外国语言部分必须请许国璋出马负责。中国研究外国语言的学者不是太多，而造诣精深、中西兼通又能随时吸收当代语言新理论的学者就更少。出于这样考虑，极少出门访友的季羡林亲自登门请许国璋先生"出山"。1985 年 12 月，在一个风大天寒的日子，季羡林没有穿大衣，只穿一身中山装，戴着鸭舌帽。临时要不到车子，也没有找到出租车，公共汽车上很拥挤，他一直站着，到魏公村下车，穿过北京外院的东校园，越过马路，走到西校园的许国璋家中，恳切陈词，请他担负起这个重任。许国璋二话没说，立即答应下来。在编纂工作中，季羡林不遗余力，精心策划、细心组织，既拿指挥棒，又拉小提琴。《吐火罗语》《梵文》《窣利文（粟特文）》《佉卢字母》《婆罗米字母》《翻译》等词条，都出自季羡林的手笔。

第二个例子，据李克强同志回忆，1982 年，他翻译英国法律著作《法律的正常程序》一书，书中有一些英文古词语，既难懂更难译。有一天他遇有一词，实在弄不通，恰好参加一次校外会议，与季羡林同住西苑饭店，就向季先生请教。季羡林当即作了回答，但同时又说："你可以先这样。"李克强当时还不理解他说的意思，当天晚上他发现季先生没住在饭店。次日季先生返回，即向李克强讲述了这个词的由来和多种含义，解释得十分详尽。多年之后，李克强回忆起这件事，仍然感慨不已，他说："我不敢想象季先生是否因为这件事而返校，但我敢肯定季先生当晚认真地查阅了这个词。也许，季先生并不是一定要向我传授某种知识，他的所作所为实际上是在诠释'吾爱吾师，吾更爱真理'的含义。"

第三个例子，1994年，北京成立了民办高校圆明园学院，季羡林担任名誉院长。第二年，学院从革命老区招收了一批学生，季羡林冒着风雪来看望这些学生，并亲自为他们讲课，勉励他们学成之后，为祖国、为家乡的建设贡献自己的力量。他对前来采访的央视记者说："我们圆明园学院坚持资助老区学生、始终关心老区教育事业的发展，为老区培养师资、培养人才，这是顺乎潮流、迎合时代的。学院之所以举办资助老区贫困学生的活动，主要道理在于从智力上帮助老区脱贫致富。老区过去在革命时期做出了极大的贡献，但由于历史上的种种原因，他们一直没有脱贫。……必须从老少边区特别是老区的青少年着手。当年他们的父母，或者祖父母为我们革命做过贡献，像人家那样的孩子就应该首先得到受教育的机会，通过教育提高他们的素质，进而加快老区科技致富、知识脱贫的步伐。"

季羡林的敬业不仅表现在对待传道、授业、解惑上，更加重要的表现是在对待学生上。他以教书育人为业，对学生异乎寻常的爱，如同父母兄长，体贴关怀，致细入微。

在20世纪五六十年代，季先生对学生的关爱是出了名的。笔者记得初入大学的时候，当时季先生给梵文班高年级同学教课，与低年级同学接触不多。但有两件事给我印象很深，过了几十年，依然历历在目：一是开学不久，系学生会通知，哪位同学没有脸盆，可以领一个。那时候刚经历了三年困难时期不久，有些来自贫困家庭的同学买不起两元一个的白搪瓷脸盆，只好用五毛一个的瓦盆洗脸。季先生知道了，自掏腰包买了几十个脸盆送到学生会。我虽然没有去领脸盆，但心里暖暖的。二是那年"十一"，我第一次参加国庆游行，见到毛主席，兴奋得不得了。晚上回来听同宿舍同学说，他们看了电视转播，而且是在季先生家里！我着实吃惊不小。要知道，那时候电视机可是个稀罕物儿。记得未名湖岛亭的教工俱乐部有一台，学生是不让看的，我就有过混进去看电视被轰出来的经历。季先生叫一群衣冠不整甚至打着赤脚的大孩子到自己家里看电视，实在出乎我的意料。据此我认定季先生是好人、好领导，能在这样的老师门下求学是我的福分。

在那段特殊的日子里，学生为了表现自己"革命"，对老师胡批滥斗，还有个别"亲炙弟子"竟动手殴打先生。可是先生一片爱生之情并未因此变冷。关于季羡林与学生张曼菱、石广生的交往，都是感人的例证。不过那时季羡林已不再担任本科生的教学任务，人们用一句俗语道出他与学生的关系："隔辈亲"。

从这些例子不难看出，季羡林的敬业就是怀着高度的责任心，把敬业当作爱国的具体表现，把自己的本职工作做到极致，以此为祖国贡献一分力量。而作为教师，他的爱生既是敬业的具体体现，又是他尊师的必备条件。这是他对优秀师德的薪火相传。

"博学"：坐拥书城，遨游学海

季羡林一生与书为伴，读书、教书、写书，与书结下了不解之缘。他说"书能给人以知识，给人以智慧，给人以快乐，给人以希望"，"天下第一好事还是读书"。他上小学的时候就爱看闲书，读了大量课外书；上初中时，放学后还参加古文学习班，读《史记》《左传》《战国策》等；他十岁开始学习英文，每天晚上去尚实英文学社上课，坚持了八年之久，上高中时已经可以阅读英文原著并发表译作，又开始学习第二外语德语；大学时他不满足于必修课的学习，选修了朱光潜教授的"文艺心理学"，旁听了陈寅恪教授的"佛经翻译文学"课。他在《学海泛槎》一书中写道："陈、朱二师的这两门课，使我终身受用不尽。虽然我当时还没有敢梦想当什么学者，然而这两门课的内容和精神却已在潜移默化中融入了我的内心深处。如果说我的所谓'学术研究'真的有一个待'发'的'韧'的话,那个'韧'就隐藏在这两门课里面。"季羡林还旁听甚至偷听了不少外系的课,朱自清、俞平伯、冰心、郑振铎等教授的课他都听过。听这些名家讲课,长知识,开眼界,使他获益不少。因为他积累了丰厚的学养,迨至去德国留学,选择专业方向的时候,他有充足的底气,坚决不选与中国文化相关的专业,不做"两头蒙"的文章。在哥廷根大学,他学习梵文、巴利文、吐火罗文、英文、俄文、斯拉夫文、阿拉伯文和希腊文,对藏文、佉卢文、粟特文亦曾涉猎。他还利用在汉学研究所担任讲师的便利条件,阅读了大量中文藏书,特别是笔记小说和佛教大藏经,扩大了自己的知识面。在学习吐火罗语的时候,就利用大藏经中所载《佛说福力太子因缘经》解决了吐火罗文文献中若干词汇的含义。在第二次世界大战的战火硝烟中,在饥肠辘辘的岁月里,他潜心学问,枵腹购书,十年后从欧洲归来,带回的是几大箱图书。

学成归国,他被聘为北大教授,东语系主任。论说可以不必再学习了。可是他不,汤用彤先生开"魏晋玄学"课,他在征得同意后认真听课,诚心诚意做汤先生的"私淑弟子";当时担任副教授的周祖谟开"音韵学"课,他也认真去听,他的论文《浮屠与佛》发表时,特意注明,周先生帮助他解决了"佛"字的古音问题。

季羡林不仅坐拥书城,在书海中遨游,而且在20世纪40年代后期,效仿哥廷根大学的"习弥纳尔"(即研讨班),组织了读书会,名曰"中国东方学会",邀请燕京大学、清华大学和北大的研究领域相同或相近的学者,如周一良、翁独健、邵循正、金克木、马坚、王森等参加,定期聚会,互通信息,讨论彼此感兴趣的学术问题。这些各有专长的学者互通信息,切磋学问,相互启发,胜似一个人单打独斗。在20世纪80年代,季羡林在南亚研究所也是采用这种方法,组织了一个"西域研究读书班",把与研究西域有关联的学者召集起来,不定期交流读书心得，一年数次，延续十年之久。季羡林发挥自己的组织能力和号召力，把不同学科的研究者召集在一起，相互切磋，取长补短，探讨问题，效果明显，特别是对于青年学者，更是难能可贵的学习机会。做学问要达到一定的深度，必须有一定的广度为前提。没有广阔的视野，广博的知识，坐井观天，是无法研究学问的。季羡林所掌握的多种语言为他获取知识提供了广阔的视野和独特的视角，他又不囿于一己之见，善于博采众长，终于成就了一位百科全书式的大学问家。季羡林的学术研究是广义的人类文化，研究领域很广、很博，跨多个学科。

据季羡林在《学海泛槎》一书中总结，他的学术研究范围多达14个方面。在这14个领域中，他都取得了骄人的成就，在学术界有口皆碑。因敬业而博学，因博学而登上学术高峰，季羡林为读书人树立了一个榜样。季羡林的博学，正是他敬业的具体表现。他说："既然当了教师，那就甘为人梯吧，我学的越多，为学生们铺的台阶就越长，他们的路也就能走得更长远。"

书籍是传承人类文化的重要载体，季羡林主张开卷有益，他说："人类千百年以来保存知识的手段不出两端，一是实物，比如长城等，二是书籍，以后者为主。"1994年4月5日，他专门针对大学生写了一篇题为《开卷有益》的文章，语重心长。以下抄录两段，献给读者：

> 什么人需要读书呢？在将来人类共同进入大同之域时，人人都一定要而且肯读书的，以此为乐，而不以此为苦。在眼前，我们还做不到这一步。"四人帮"说：读书越多越反动。此"四人帮"之所以为"四人帮"也。我们可以置之不理。如今有个别的"大款"，也同刘邦和项羽一样，是不读书的。不读书照样能够发大财。然而，我认为，这只是暂时的现象，相信不久就会改变。传承文化不能寄希望于这些人身上，而只能寄托在已毕业或尚未毕业的大学生

身上。他们是我们的希望，他们代表着我们的未来。大学生们肩上的担子重啊！他们是任重而道远。为了人类的继续生存，为了前对得起祖先，后对得起子孙，大学生们（当然还有其他一些人）必须读书。这已是天经地义，无需争辩。

读什么样的书呢？自己专业的书当然要读，这不在话下。自己专业以外的书页应该"随便翻翻"。知识面越广越好，得到的信息越多越好，否则很容易变成鼠目寸光的人。鼠目寸光不但不利于自己专业的探讨，也不利于生存竞争，不利于自己的发展，最终为大时代所抛弃。

学习各种各样的知识，能不能都派上用场呢？季羡林说"严格讲起来，天下没有无用的材料，问题是对谁来说，在什么时候说。"最好的办法是"脑海里考虑问题，不要单打一，同时要考虑几个"，这样，收集材料的面就会大，材料积累就会多，一旦用起来，就会左右逢源了。笔者以为，季羡林的博学，也是他尊师的一种体现。当年西克要他学习吐火罗文，并非出于他对这种文字有多少兴趣，他也未曾考虑这种语言有无用处，而是谨遵师命。他相信天下没有无用的知识。

"求实"：脚踏实地，锲而不舍

清代，人们把学问分为考据、词章和义理三部分。季羡林说过，他最喜欢的是考据，最不喜欢的就是义理。因为义理用现在的话说就是哲学，哲学家讲的道理惶兮惚兮，摸不着看不见，公说公有理，婆说婆有理，让人摸不着头脑。他喜欢实实在在，摸得着看得见的东西。而考据的精髓在于无征不信，有根有据，容不得毫无根据的胡思乱想。这种脚踏实地的研究方法，很对季羡林的心思。清代乾隆、嘉庆年间，考据之学大盛，大师辈出，经过他们的考据，许多过去无法读懂的古书，人们能够读懂了。季羡林佩服这些大师，决心步其后尘。季羡林热爱考据是受到恩师的影响。陈寅恪、汤用彤都是考据高手，而他的德国老师瓦尔德施密特和老师的老师吕德斯奉行实证主义研究方法，与中国的考据并无二致，他们都是考据巨匠。季羡林师承中德两国考据大师的衣钵，在20世纪80年代中期以前取得的学术成就，无论是在语言学方面，还是史学方面、比较文学方面的，都属于考据。季羡林从重考据到兼顾义理，转变发生在80年代中期。

胡适重视考据，他提出的"大胆的假设，小心的求证。"季羡林认为是至理名言，尽管这个方针曾遭受接连不断的攻击与批判，季羡林对它却深信不疑，不遗余力践行之。首先，大胆的假设是必要的，如果没有勇气突破前人之见，不敢打破常规，解放思想，而是因循守旧，鼠目寸光，拾人牙慧，何来学术进步？所以应当提倡敞开胸怀，放开眼量，开动脑筋，大胆提出假设。有了大胆的假设，这个假设能不能成立，符合不符合实际，则需要靠小心的求证来解决。一个假设，即使是"天才的火花一闪"，不可能一经提出，就完全符合实际情况。求证必须小心谨慎，必须仔细严谨，必须客观公正、多角度多层次地进行，必须随时准备坚持真理而修正错误；原来的假设有多少正确就坚持多少，有多少错误就修正多少，绝不允许简单草率，掺杂私心杂念，甚至弄虚作假。

1947年季羡林的论文《浮屠与佛》，解决了一个两位学术大咖争论的问题，季羡林利用所掌握的印度古代梵文、俗语和吐火罗文的本领，经过一番周密的考证，首先认为释迦牟尼的名号——梵文 Buddha，在汉文佛经中被译为佛陀、浮屠、佛等，按一般的说法，均把"佛"当作"佛陀"的省略，比如《宗轮论述记》说："'佛陀'梵音，此云觉者，随旧略语，但称曰'佛'。"但是这种说法有问题，值得商榷。因为，"佛"这个词儿是随着佛教传来的，中国和尚开始译佛经时，对释迦牟尼名号的音译应该保留原来的音调，不会将两个音节的"佛陀"缩写成一个音节的"佛"，所以"佛"不是"佛陀"的省略。季羡林发现，梵文 Buddha 在龟兹文（吐火罗 B）中为 pūd 或 pud，在焉耆文（吐火罗 A）中为 pät，这才是汉文佛经中将释迦牟尼的名号译为"佛"的来历，即"佛"的译名是从吐火罗文的 pūd（或 pud）、pät 译过来的。再看东汉、三国时的佛教文献，其中"佛"的出现早于"佛陀"，即在"佛"字出现之前不见有"佛陀"这个词儿。季羡林由此确信，"佛"并非"佛陀"的省略，而"佛陀"反而是"佛"的延伸。接着，季羡林大胆地猜测，东汉永平年间，汉明帝遣使赴西域求法，于大月氏国写佛经四十二章，带回来的佛经（即《四十二章经》）有两个译本，第一个译本译自印度古代俗语，其中"佛"被译成"浮屠"；第二个译本为三国孙权时来华的大月氏国高僧支谦所译，译自中亚某种语言，第一个译本中的"浮屠"在此被译成"佛"。"浮屠"这个名称，从印度古代俗语译出后就为一般人所采用，当时中国史家的记载也多用"浮屠"；其后西域高僧到中国来译经，才把"佛"这个名词带进来，当时还只限于译自吐火罗文的佛经中；后来逐渐传播开来，为一般和尚或接近佛教的学者所采用；最终由于它本身具有优越的条件，才将"浮屠"取而代之。季羡林的这个猜测，或者假设，涉及佛教传入中国的路径问题。由此说来，佛教传入中国应该是两条路径，一条是直接传来（浮屠），另一条是经西域传来（佛）。这个假设靠不靠得住呢？限于当时的条件，尚不能求证。时间过了 42 年，1989 年季羡林写了另一篇论文《再谈"浮屠"与"佛"》，从"佛"字对音的来源开始求证，列举了这个字在大夏文、巴列维文、安息文、粟特文、达利文中的拼写，发现只是大夏文和梵文是两个音节，译成汉语即为"浮屠"，而其他文字均为一个音节，译成汉语即为"佛"。接着探讨佛教传入中国的路径和时间，考证出最早传入中国的《四十二章经》原文为大夏文。而后汉、三国时期译经大师支谦、安业高等所译佛典使用的语言是吐火罗文或伊朗语系的文字，不是梵文。这样一来，1947年那篇文章提出的佛教直接从印度传来的假设就不能成立了。而佛教传入分两个阶段的说法还是可以成立的。一个路径较早，是通过大夏传入；另一个路径稍晚，通过西域传入。两个路径都是间接的，不是直接的。

从这个例子我们可以看出，第一是季羡林治学严谨求实的态度，二是他抓住一个问题始终不放，锲而不舍的韧劲。同样，对于原始佛教语言研究，他也是终生坚持，一以贯之的。

季羡林自谦地说自己是半个史学研究工作者。他在历史研究方面的主张有四条：第一，不能认为任何结论都是真理，不可动摇；第二，必须敞开思想，放远眼光，随时准备推陈出新，改变以前的所谓结论；第三，必须随时注意新材料的发现，不管是考古发掘发现的新材料、新发现的古籍以及偶尔发现的石刻、石碑等；第四是必须随时注意报刊，尤其是国外报纸杂志上的文章。他的学术研究，一向是"竭泽而渔"地占有材料，然后加以去粗取精、去伪存真，由此及彼，由表及里地分析研究。他自觉运用辩证唯物主义指导科学研究，他在印度史、佛教史、中印文化交流史、糖史和敦煌吐鲁番学方面的成就，证明了他是一位杰出的马克思主义史学家。

对于史学家，求实的"求"，虽然只有一个字，却包含着艰辛的探索。因为历史的真相，总是掩埋在许多光怪陆离的表象之中。但你仔细搜寻，总可以找到某些蛛丝马迹。季羡林就抓住这些蛛丝马迹，穷究不舍，如剥春笋，逐步还原历史的真相。在研究糖史的时候，他从"糖"字在汉语中的出现（大约在隋前的南北朝），发现此前中国有蔗而无糖，进而找到到唐太宗派人去印度学习制糖技术的记载；又从印地语 cini 一词的出现和流传，判断白糖的脱色技术从中国传入印度的时间和路径。这样，以糖为媒介，中印两大民族的文化交流史便逐步清晰起来了。

季羡林一生坚持只讲真话，不说假话，这是他获得成功的基础和前提。他大力提倡学术道德、学术良心，鞭挞弄虚作假的学术骗子。他说："学术是老老实实的东西，不能掺半点假。通过个人努力或者集体努力，老老实实地做学问，得出的结果必然是实事求是的。这样做，就算是有学术良心。剽窃别人的成果，或者为了沽名钓誉创造新学说或新学派而篡改研究真相，伪造研究数据，这是地地道道的学术骗子。"即使学术上的"小偷小摸"，例如听老师讲课，或者在别人的文章中发现有用的材料或观点，拿来据为己有，写文章不提人家的贡献，也被季羡林先生列为当引以为戒的不光彩行为。他赞扬那些学术道德高尚的学者，说这些人专心一致，唯学是务，勤奋思考，多方探求，写出的文章尽管可能参差不齐，但他们都是值得钦佩和赞美的，这些人才是中国学术界的脊梁。针对时下的学术剽窃、欺世盗名歪风，季羡林深恶痛绝，他大力倡导清代正统派的学风。他十分赞同梁启超的观点："隐匿证据或曲解证据，皆认为大不德。""凡采用旧说，必明引之，剿说认为大不德。""孤证不为定说。其无反证者姑存之。得有信证，则渐信之。遇有力之反证则弃之。"这些也是他本人所追求的并要求学生严格遵守的学术道德。

"创新"：与时俱进，高屋建瓴

做学问的最高境界是创新。而创新是以求实为基础的，唯如此，这个新才靠得住。

"没有新意不要写文章"是季羡林的一贯主张。特别是单篇的论文，他更强调出新。他坚决反对充满陈词滥调"代圣人立言"的垃圾文章，而这样的文章比比皆是，这对学术的进步毫无意义。他认为，单篇论文的核心在于讲自己的看法、自己不同于前人的新意，要发前人未发之覆。有了这样的文章,学术才能一步步、一代代向前发展。而"新意"从何而来?他的经验是"新意"出于"灵感",而灵感来自勤奋。获得灵感的前提是,你对某个或某些问题必须早有考虑,日思夜想,一旦有了相应的时机,便可豁然顿悟。比如牛顿看到苹果坠地,而发现万有引力。季羡林的相应时机,大多来自阅读杂志,也有时来自"读书得间",因为杂志上的文章往往只谈一个问题,里面可能有新意,你读了受到启发,举一反三,写出文章又可启发别人。如此循环往复,便可推动学术进步。他反对不读杂志,对国内外同行的新著作、新杂志不闻不问,而空喊"与国际学术接轨"的口号。这些人连"轨"在何处都不知道,接什么轨?

学界公认"南饶北季"是20世纪末中国学术界两座高峰。总结两位大师治学的方法,无疑具有重要的意义。季羡林在1999年为饶宗颐的《中国宗教思想史新页》作序时写道:

> 选堂先生的学术研究有四大特点:第一,研究范围广,使人往往有汪洋无涯之感。这在并世学人中并无第二人。第二,选堂先生的论文引用材料范围极广。古典文献,固无论矣,对当代学人的文章,他也几乎是巨细不遗。当前国内出版的学报,数量极大,我们注意的往往只是几个著名大学的学报,穷乡僻壤的一些师范学院的学报,往往被我们所忽视。选堂先生则不然:这些生僻的学报,他也往往尽收眼中加以引用。第三,选堂先生非常重视考古发掘的新资料。他对大陆考古发掘情况了如指掌。不用举更多的例子,眼前这部新著就是最好的证明。第四,由于具备了以上诸条件,加以能读书得间,所以饶先生在论文中时有新的创获。
>
> 以上四项中,第四项最为重要。学术研究,必须时有新创获,这样学术才能前进。如果每个学人都陈陈相因,固守旧说,不敢越

雷池一步。那么，学术必然会原地踏步，毫无进展，学术研究也就根本没有意义了。

而季羡林本人治学何尝不是如此呢？请看他的亲炙弟子葛维钧在《季羡林精选文丛》序中所言：

典据翔实，考订详赡，是季先生论著的明显特点。在季先生尊为恩师的学者中，胡适先生是十分重要的一位。他对于胡适无征不信，有一分证据说一分话的主张，无疑是完全接受的。而他自己，则似乎犹嫌不足，乃至不辞就三分证据求一分话。季先生在搜求证据上所下的功夫有时是我们难以想象的。即以《蔗糖史》的撰写为例，该书前后断续用去了季先生17年，其中1993年和1994年更是完全用于在北大图书馆内查阅典籍，收集资料，除周日外，"风雨无阻，寒暑不辍"。他所使用的资料，除一切近人的有关论著以外，还有中国古代的正史、杂史、辞书、类书、科技书、农书、炼糖专著、本草和医书、包括僧传及音义在内的佛典、敦煌卷子、诗文集、方志、笔记、报纸、中外游记、地理著作、私人日记、各种杂著、外国药典、古代语文（梵文、巴利文、吐火罗文）以及英、德等西语文献。类别几乎无所不包，数量可称汗牛充栋。古今典籍中凡他认为可资利用的，务必千方百计找来读过，穷搜极讨，而后心安。经他翻检的图书，总计不下几十万页，每有所得，"便欣喜如获至宝"；而枯坐半日，终无所获，则同样可能。每遇此时，便只好"嗒然拖着疲惫的双腿，走回家来"。这就是季先生的研究方法和研究态度，以及他在研究过程中的情感历程。若问季先生的学术道路，此番景象，就是写照。

在从事科学研究的实践中，季羡林认为，必须在四个方面下功夫：

第一是理论,第二是知识面,第三是外语,第四是语文。

说到理论,当然要学习马克思主义,主要是学习其世界观和方法论。可是需要切记,不能把马克思主义教条化,马克思主义是随着时代发展而不断发展的,绝不是僵化的教条。也不能把马克思主义神秘化,让人望而生畏。不能认为马克思的每句话都是放之四海而皆准,没有这回事。真理是不害怕批评的。马克思主义的精髓在于辩证唯物主义,唯物主义就是实事求是。把黄的说成黄的是唯物主义,把黄的说成黑的就是唯心主义。而辩证法是看问题不要孤立,不要僵死,要注意事物多方面的联系,在事物运动中把握规律。除了马克思主义以外,古今中外一些哲学家的著作、思维方式和推理方式,也应该学习和研究。因为没有百分之百的唯物主义者,也没有百分之百的唯心主义者。常言道:"智者千虑,必有一失",那些唯心主义哲学家也绝非毫无长处。采取"贴标签"的方式,把复杂的问题简单化、教条化,是有害无益的。

知识面越广越好,是因为不管你探究的领域多么专门、多么狭窄,只有以广博的知识作为基础,你的眼光才能放远,研究方可深入,这是人所共知的常识。知识面应该有多宽呢?当然是越宽越好。季羡林主张,搞人文社会科学的,应该学习一些科学技术知识,精通一门自然科学则更好。因为当今学术发展的大趋势是:边缘学科和交叉学科越来越多,而学科界限越来越混同起来。再像过去那样死守学科阵地,老死不相往来,等于抱残守缺,故步自封,何谈创新?当前西方新的学术流派蜂起,我们也应当加以研究,不能简单地盲从或者拒绝。

外语很重要,现在的世界,不过是一个小小的地球村。这个地球村里住着两百多个国家,语言五花八门,不通外语,则无法交流。外语中的英语,是名副其实的世界语,我们必须熟练掌握之,不但要求能读、会译,还要求能听、能说、能写。只有能用英文写论文,你的论文才能走出国门。至于与国外同行交流,参加国际学术会议,不能听说英语,那就是聋子和哑巴。

至于汉语，季羡林为什么也要提出来，是因为他认为我们现在的汉语水平非常成问题，每天出版的报纸杂志，错别字、病句俯拾即是，简直成了"无错不成书（报）"。这些差错固然有编辑、排版者的责任，文章作者也难辞其咎。要写一篇准确、鲜明、生动的文章绝非轻而易举。因而一定要下大气力提高汉语水平。

从季羡林学术研究发展的轨迹——"由考据到兼顾义理"不难看出，他走的是一条从追究事实真相到探索规律的路子。而他"晚年忽发义理狂"，是他多年不懈攀登，"会当凌绝顶，一览众山小"的必然结果。笔者认为，季羡林对20世纪学术的最大贡献在于，他对古老命题"天人合一"的新解以及关于和谐三个层次的观点、提出"文化交流促进人类社会进步"的理论、关于两种思维方式和东西文化"三十年河东，三十年河西"的论断和东方文化将重现辉煌的预言。这些都是汇通东西、融汇古今、古为今用、洋为中用的大手笔。

季羡林的学术研究，绝不是为学术而学术，用一句时髦的话来说，他是坚持以问题为导向的。是什么问题呢？在晚年，他经常萦绕心头，念念不忘的是关乎人类生存与发展的大问题。首先是人与自然的关系问题。从20世纪80年代中期，季羡林就注意到人类面临诸多巨大的难题：能源匮乏、淡水不足、人口爆炸、环境污染、气候变暖、臭氧层破坏、生态失衡、物种灭绝、新疾病蔓延、自然灾害频发，虽然没有发生世界大战，但局部的、地区性的战乱不息，等等。这些问题是西方文化风靡世界，一味强调发展，而不计后果地对大自然诛求无厌造成的。如果这些问题不解决，人类的生存必然出现危机。出路何在呢？季羡林的研究结果是，唯有以东方智慧济西方文化之穷，才能解决这个问题。看一看季羡林对两个口号的比较研究，就一清二楚了。在处理人与自然的关系上，西方提出的口号是"征服自然"；而以中国和印度为代表的东方则主张"天人合一",季羡林对这个古老命题的新解是"人与自然和谐相处",在中国宋代有张载提出的"民胞物与"思想。很明显,这不是方式方法之争,而是根本立场之争。"天人合一"新论,是季羡林献给全人类的东方文化瑰宝。

从处理人与自然的关系入手,他进一步思索人与人、国与国之间的关系,向西方奉行的丛林法则、地缘政治提出挑战,他从儒家经典中找到"己所不欲,勿施于人"和"和为贵"的思想;再进一步,考虑人自身的和谐,提出"和谐"的三个层次的理念,受到党和国家领导同志高度重视和充分肯定,贡献足以载入史册。

语言是思想的外化,是人类思维的工具。不同的民族使用不同的语言,人们的思维方式也是千差万别的。作为语言学家的季羡林发现,人类的思维模式尽管千差万别,但不出分析和综合二种。东方文化和西方文化根本的差别在于思维模式的不同,西方主分析,东方主综合。近代以来,主分析的西方思维方式风靡世界,给人类带来了巨大的福利,但也为人类的生存与发展埋伏了巨大的危机。季羡林对东方学的最大贡献,当属他对东方文化地位和作用的论述,以及他对东方文化将引领世界潮流的科学预言。

改革开放以来,随着国门的打开,一些人产生了近乎病态的崇洋心理,全盘西化的主张一时甚嚣尘上。在严重地甚至病态地贬低自己文化的氛围中,人们有意无意地抬高西方文化,认为自己一无是处,只有外来的和尚才会念经。季羡林感到深深的忧虑。经过慎重思考,他在1989年写了一篇重要文章《从宏观上看中国文化》。他提出:

> 探讨中国文化问题,不能只局限于我们生活于其中的这几十年近百年,也不能局限于我们居住于其中的九百六十万平方公里。我们必须上下数千年,纵横数万里,目光远大,胸襟开阔,才能更清

晰地看到问题的全貌，而不至于陷入井蛙的地步，不能自拔。总之，我们要从历史上和地理上扩大我们的视野，才能探骊得珠。东西两大文化体系之间的关系是互相学习的。仅就目前来看，统治世界的是西方文化。但是从历史上来看，二者的关系可以用一句俗语来概括，这就是"三十年河东，三十年河西"。历史上，东方文化曾经辉煌过，引领过世界潮流。自工业革命以后，西方文化逐渐占了上风。有几千年古老文明的中国，如果还想存在下去，就必须跟上世界潮流。想振兴中华，必须学习西方，这是毫无疑问的。我们今天要向西方学习，明天仍然要学习。如果故步自封，回到老祖宗走的道路上去，那是非常危险的。但是，人类历史证明，全盘西化，理论上讲不通，事实上办不到。季羡林赞成英国历史学家汤因比关于任何一种文明都不可能万岁的观点。他一针见血地指出"我们自己应该避免两个极端：一不能躺在光荣的历史上，成为今天的阿Q；二不能只看目前的情况，成为今天的贾桂。"

季羡林认为，到了21世纪，"三十年河西"的西方文化将逐步让位于"三十年河东"的东方文化，人类文化的发展将进入一个新时期。原因何在呢？从总体上看，东方思维方式、东方文化的特点是综合；西方思维方式、西方文化的特点是分析。

分析方法曾对科学和哲学的繁荣做过极大的贡献，但绝不能无限夸大，因为它正在日益显示其局限性。当代物理学和自然科学的新进展表明，宇宙是一个不可分割的整体，而无限分割的方法与整体论是相悖的。无限可分论是机械论的一种表现。季羡林赞成金吾伦的观点。同时，季羡林从一种方兴未艾的新学说——混沌学受到启发。美国学者格莱克写了一本书：《混沌：开创新科学》。混沌学是关于系统的整体性质的科学。它扭转了科学中简化论的倾向，即只从系统的组成零件夸克、染色体或神经元来作分析的倾向，而努力寻求整体，寻求复杂系统的普遍行为。它把相距甚远的各方面的科学家带到了一起，使以往的那种分工过细的研究方法发生了戏剧性的倒转，也使整个数理科学开始改变自己的航向。它揭示了有序与无序的统一，确定性与随机性的统一，是过程的科学而不是状态的科学，是演化的科学而不是存在的科学。它覆盖面之广，几乎涉及自然科学与社会科学的各个领域。为什么在西方文化如日中天光芒万丈的时候，西方有识之士竟然开创了与西方文化背道而驰的混沌学呢？答案只有一个，这就是：这些有识之士已经痛感，照目前这样分析是分析不下去的。必须改弦更张，另求出路，人类文化才能重新洋溢着活力，继续向前。

　　季羡林得出结论：西方形而上学的分析已经快走到穷途末路了，它的对立面东方的寻求整体的综合，必将取而代之。以分析为基础的西方文化也将随之衰微，代之而起的必然是以综合为基础的东方文化。这种取代在21世纪中就将看出分晓。这是不以人们的主观愿望为转移的文化发展的客观规律。这里所说的"取代"，并不是"消灭"，而是继承西方文化之精华，在这个基础上把人类文化的发展推向一个更高的阶段。"不畏浮云遮望眼，只缘身在最高层。"季羡林的"河东河西"论一出，立刻引起轩然大波。后来争论逐渐平息，并非季羡林的辩才占了上风，而是历史发展本身，让越来越多的人逐渐看清了这是不可改变的大趋势。这些被称为"季羡林义理"的理论，无疑都是石破天惊的创新。尽管一经提出，就遇到激烈地反对，但季羡林却益发坚定。历史发展的大趋势证明，他是对的。王岳川教授认为："季羡林提出'三十年河西，三十年河东'理论，坚持'天人合一'的看法，相信21世纪是中国世纪，强调'西化'必将让位于'东化'的看法，具有相当的前瞻性和战略眼光。""未来文化只能是多元互动的文化，一种对话的生态主义文化。这一语境将使新世纪这个文化出现全新的发展空间和普世价值。"

1981年季羡林从一张写有熬糖方法的唐代敦煌卷子着手，经过17年艰苦奋斗，写出一部科学巨著——80余万字的《糖史》，以人们司空见惯、微不足道的糖为媒介，展开了一千多年中印两国，乃至世界各国各民族相互学习，不断创造，文化交往的宏伟画卷，得出了"文化交流促进人类进步"的科学结论。印度学者将这个结论称为季羡林的"地缘文化"论。2016年，笔者参加一次座谈会，有印度学者狄伯杰就说：世界不得安宁的根源在于西方的"地缘政治"，而季羡林的"地缘文化"可与之抗衡，给人类的未来带来希望。笔者欣喜地看到，季羡林先生的这个重要观点已经走出国门，受到越来越多各国学者的欢迎，相信它必将在"人类命运共同体"的构建中，发挥重要的作用。这是作为学者和教授的季羡林以自己的良知、良能，奉献给他挚爱的祖国乃至整个人类最宝贵的财富。

纵观季羡林先生教书治学的一生，笔者以为，他所坚持的这八个字，"敬业"是前提，"博学"是根基，"求实"是态度，"创新"是目的。前提也好，目的也罢，都是为了使我们的祖国更富强，人民更幸福。总之，季羡林的良能是他做人的良知在一生实践中的具体体现。他的良知、良能是互为表里的。季先生的良知良能，为有志于学的人，树立了一个标杆。

季羡林：中国学问家的典范

郁龙余　朱　璇*

季羡林（1911年8月6日—2009年7月11日），字希逋，又字齐奘，是享誉国内外的大学问家、引领学术思想潮流的大思想家。他出生在鲁西北一户赤贫的农家。他说："我一生有两个母亲，一个是生我的那个母亲，一个是我的祖国母亲。我对这两个母亲怀着同样崇高的敬意和同样真挚的爱慕。"1934年他清华大学西洋文学系毕业后，回济南教中学一年，然后公费留学德国哥廷根大学，成为该校历史上两位最有名望的中国留学生之一，另一位是朱德元帅。

1946年，留学十年的他辗转回到祖国。在陈寅恪的举荐下，北京大学校长胡适、文学院长汤用彤聘任他为新成立的东方语文学系教授、主任。1949年春夏，胡乔木写信征求他将东方语专、中央大学的部分教员并入北大东语系的意见，他表示赞同，并将东语系一度办成北大最大的系。

---

* 郁龙余，季羡林的学生，现为深圳大学教授，印度文学、中印文化关系研究专家。朱璇，现为深圳大学印度研究中心讲师，研究方向为印度宗教、哲学与文化。

1949年10月1日，季羡林出席中华人民共和国开国大典。10月4日，他和东语系共25位教师向毛泽东主席、朱德总司令暨人民政协全体代表写信，热烈庆祝新中国成立。1951年参加新中国第一个大型出访团访问缅甸、印度。

1955年6月1—10日，出席中国科学院学部成立大会，6月3日，国务院发布命令：中国科学院学部委员名单共233人。季羡林为学部委员。

1956年4月4日，季羡林因工作成绩出色，经北大东语系党支部贺剑城、黄宗鉴两位党员老师介绍加入中国共产党，1957年4月4日转正。

1960年，季羡林和金克木合作，招收我国第一批梵文、巴利文学生。1974年4月22日，以北京大学副校长身份出席日本创价学会会长池田大作在北大的演讲。1978年10月担任北京大学副校长，北京大学与中国社会科学院合办的南亚研究所所长。1979年10月中国南亚学会成立，当选为会长。1981年8月，担任中国外语教学研究会会长。1983年当选第六届全国人大常委会委员，中国敦煌吐鲁番学会会长，中国语言学会会长。1984年12月，中国国际交流学会成立，季羡林当选为会长。1985年10月，在深圳大学成立中国比较文学学会，季羡林当选名誉会长。1994年5月，《四库全书存目丛书》委员会成立，季羡林任总编纂，胡绳、任继愈、周一良、张岱年、饶宗颐等为顾问。任《传世藏书》《百卷本中国历史》主编。1999年7月5日，印度文学院授予季羡林名誉院士荣衔。2000年5月30日，季羡林和北大许宏智校长陪同到访的印度总统纳拉亚南，为泰戈尔铜像揭幕。7月29日，国家文物局、甘肃省人民政府授予季羡林、饶宗颐、邵逸夫及中国敦煌研究院等机构"敦煌文物保护研究特殊贡献奖"。2007年1月5日，中央电视台《感动中国》对季羡林的颁奖词说:"曾经的红衣少年,如今的白发先生,留德十年寒窗苦,牛棚杂忆密辛多。心有良知璞玉,笔下道德文章。一介布衣,言有物,行有格,贫贱不移,宠辱不惊。"

2008年12月5日,《人民日报·海外版》发表蔡德贵文章《季羡林先生2008年获得国外3个重要荣誉》,印度莲花奖,日本学士院客座院士,德国哥廷根大学杰出校友。

2009年7月10日,他为孔子卫视题签"弘扬国学 世界和谐"。7月11日,他走完了艰难而光荣的一生。他给后人留下了三十卷《季羡林全集》,四十卷的《季羡林作品全集》正编辑之中。如果说"教授的教授"陈寅恪是民国学者的典范,那么"中国最高老师"季羡林则是共和国学者的典范。在纪念季羡林先生诞辰110周年之际,正如聊城大学季羡林学院的师生们所说:"当下,唯有承其精神,不断前进,才应是最好的怀念。"

季羡林是一位熔铸古今、超迈东西的大学问家,又是一位引领时代学术思想和文化潮流的大思想家。他誉满神州,晚年不得不公开请辞"国学大师""学界(术)泰斗""国宝"三项桂冠。身前身后,各种传记纷纷问世。仅在2016年就出版了两种评传,郁龙余、朱璇合著的《季羡林评传》53万字,不但深受国内读者欢迎,而且深受国外读者的青睐,迄今出版了英文版、印地文版和泰米尔文版,孟加拉文版、德文版、日文版也正在翻译之中。季羡林的学术和思想的影响逾越了国界,而且必将超迈时代,成为中国人民的骄傲。

博大精深用在许多人身上可能是溢美之词;用在季羡林身上,可谓实至名归。张中行说:"他会的太多,而且既深且精。我等于站在墙外,自然就不能瞥见宗庙之美、百官之富。"饶宗颐说他是"最后通人""中国最高老师"。臧克家说:"你潜心学海,成绩辉煌,探得骊珠,千秋万岁放光芒!"

(一) 当代中国的首席印度学家

中国和印度文化交流,源远流长,硕果累累。但由于宗教的排他性,古代以佛教文化东传为主的中印文化交流,印度的主流文化经典《吠陀》《往事书》《奥义书》及两大史诗等并没有传到中国,所以"真正从梵文原典将印度文学的主流作品,翻译介绍到中国并进行学术研究的,季羡林是第一大家"①。在《梵典与华章》中,我们这样评价道:"季羡林是中国当代学术泰斗,在众多研究领域中作出了多个方面的杰出贡献。但是,在他的所有学术贡献中,印度学研究最基础、最重要,开展最早,坚持最久。在季羡林众多称号中,印度学家是最基本的。他正是凭着自己丰硕而精湛的印度学研究成果,和其他学者一道,真正建立起了中国的现代印度学。季羡林不仅是当代中国的首席印度学家,也是世界最重要的印度学家之一。"②季羡林逝世后,印度总理曼莫汉·辛格表示:"季教授是世界最著名印度学家之一。"

(二) 彻悟真谛的佛学家

佛教自汉末传入中国,走上了不断中国化之路。至唐代慧能的"六祖革命",印度佛教变成了中国佛教。至近代,经太虚的"三大革命",即"教理革命""教制革命""教产革命",在众多高僧大德及佛学学者的努力下,中国佛教从神的佛教变成了人的佛教——人间佛教。"季羡林是中国当代学界对人间佛教最重要的推动者之一。""季羡林的佛学成

---

① 郁龙余、朱璇:《季羡林评传》,济南:山东教育出版社2016年版,第5页。
② 郁龙余等:《梵典与华章》,银川:宁夏人民出版社2004年版,第498页。

就肇始于佛教语言研究，他的一系列优秀的佛教语言研究论文，奠定了他在国际和国内学术界的地位。"①

季羡林是一位光明磊落、实事求是的宗教学家。1997年，他在《宗教》一文中说："我首先要声明，我不是任何宗教的信徒，可是我对世界上所有的正大光明的宗教十分尊重。"② 所以，"基于这样一种公正的宗教立场，季羡林佛学家的身份主要是一个学术身份，并由此滋生出对佛学、佛教的喜爱，但并不影响他对其他宗教的立场。"③

作为一位"彻悟真谛的佛学家"，季羡林的主要贡献有三个方面：第一，对佛教语言的开创性研究，并取得了国际学术界公认的成就，为他的学术大厦奠定了坚实的基础。第二，对佛教的突破性研究。他的《原始佛教的历史起源问题》《佛教的倒流》《论释迦牟尼》《佛教开创时期的一场被歪曲被遗忘的"路线斗争"——提婆达多问题》等，奠定了季氏佛学基础，使其在中国乃至世界佛学史上光芒四射。第三，大力推动中国现代佛教事业。作为一名唯物主义者，季羡林从"立足于实事求是""看重佛教的社会功能""钟情于佛教的审美功能"出发，和赵朴初、任继愈、汤一介等一起，为我国现代佛教事业做出了巨大贡献。"毋庸置疑，季羡林是中国现代成果最博大精深、影响最广阔深远的佛学家。"④

（三）开宗立派的东方学家

1946年5月24日，季羡林被任命为北京大学教授、东方语文学系主任。这一任命是校长胡适、文学院长汤用彤的共同决定，标志着中国

---

① 郁龙余、朱璇：《季羡林评传》，济南：山东教育出版社2016年版，第77页。
② 季羡林：《季羡林全集》第8卷，北京：外语教学与研究出版社2009年版，第99页。
③ 季羡林：《季羡林全集》第8卷，北京：外语教学与研究出版2009年版，第83页。
④ 季羡林：《季羡林全集》第8卷，北京：外语教学与研究出版2009年版，第103页。

现代东方学找到了一位开宗立派的奠基人。季羡林和金克木、马坚等一起筚路蓝缕、以启山林,在北京大学创立了具有鲜明特色的中国东方学。"中国东方学和西方恰恰相反,以人类全部历史为考量,客观、公允地评价东方文明,对西方文明给予认真分析、理性批判和充分借鉴,旨在为建立以'世界大同'为特征的人类新文明贡献力量。季羡林以其70多年学术生涯,和其他诸多学者共同创建了中国东方学,成为中国东方学最重要的奠基人。"①

季羡林以自己非凡的学术精神和学术成就,从中国首席印度学家成功迈向中国东方学的奠基人。季羡林著作等身,2009年,出版的30卷《季羡林全集》和正在编辑的《季羡林作品全集》的规模已经给出了定论。除了著作数量和学术格局,季羡林的治学之道与学术人格,也是他成为中国当代学术大家的基础性条件。"季羡林的学术品格,是在漫长的学术生涯中逐渐形成的。别具特色,催人奋进。概而言之为以下六则:勤勉不息,惜时如金,为其成功秘诀;预流弄潮,追寻真理,为其不死灵魂;取弘用精,灵构秒筑,为其得心常法;学术道德,以身作则,为其立命之本;真情相待,从善如流,为其交友之道;提携后进,不遗余力,为其终身作风。"②《季羡林大传》说:"季羡林一生立德、立功、立言,在他身上体现的正是现代科学精神与中华传统美德的完美结合。"③ 季羡林是当代中国的一笔宝贵的精神财富,包括东方学在内的季羡林学(季学),值得我们认真学习、继承和发扬光大。

---

① 郁龙余、朱璇:《季羡林评传》,济南:山东教育出版社2016年版,第111页。
② 郁龙余、朱璇:《季羡林评传》,济南:山东教育出版社2016年版,第135页。
③ 胡光利、梁志刚:《季羡林大传》Ⅱ,哈尔滨:哈尔滨出版社2013年版,引言。

（四）不可或缺的翻译家

无论是古代还是现代，中国都是世界第一翻译大国。季羡林为中国现代翻译事业，在翻译作品、翻译理论以及对翻译工作的组织、指导和人才培养方面，做出了巨大贡献。

作为中国乃至世界上译龄最长的翻译家之一，季羡林译作不但数量惊人，而且大都是梵文、巴利文、吐火罗文等难译之作。所译"二剧一诗一故事"（剧本《沙恭达罗》《优哩婆湿》和大史诗《罗摩衍那》、寓言故事《五卷书》）是印度主流古典文学的代表作，质量与品相极佳。为了以诗译诗，季羡林说，为了寻找一个韵脚，"失神落魄、其痛苦实不足为外人道也"①。"时间经过了十年，我听过三千多次晨鸡的鸣声，把眼睛熬红过无数次，经过多次的心情的波动，终于把这本书译完了。"②

季羡林总结自己的翻译实践，提出了自己的翻译理念，学者们称为"季氏译论"，主要有三条：反对重译即转译，主张直译，提倡以诗译诗。这"季三条"是对古代中国译论"五失本""三不易"（道安）、"十条""八备"（彦琮）、"五不翻"（玄奘）、"六例"（赞宁）的继承与发展。

季羡林对中国现代翻译事业的倡导、支持，对后进行提携，不遗余力、无微不至、令人动容。我们认为："我们回顾季羡林的一生，在中国当代翻译史上，如果没有他，那么文学翻译地图就会出现缺口。所以，我们说他是一位不可或缺的翻译家。同样，在中国当代翻译批评史上，如果没有他，那么就不会出现《翻译的危机》那样忠肝义胆的批评

---

① 季羡林：《季羡林全集》第 29 卷，北京：外语教学与研究出版 2009 年版，第 631 页。
② 季羡林：《季羡林全集》第 29 卷，北京：外语教学与研究出版 2009 年版，第 634 页。

和加强佛教学研究的深邃意见。所以,我们说,他又是一位不可或缺的翻译批评理论家。"①

(五)名副其实的比较文学大家

20 世纪七八十年代,比较文学在中国复兴并蓬勃发展,成立有中国比较文学会及各省市的分会,有的高校设立比较文学专业和比较文学系。这一切都离不开季羡林的支持。而他的支持,总是以掌舵、点拨的方式进行,而不是以跃马扬鞭、冲锋陷阵的方式进行。正因如此,季羡林对比较文学的贡献,是方向性的、深沉的,随着时间的流逝而愈显其意义。我们说他是名副其实的比较文学大家,正是从这个意义上说的。

当代著名比较文学领军人物乐黛云说:"自 1980 年以来,北京大学的季羡林、李赋宁、杨周翰、杨业治、金克木等教授都对比较文学表示了不同程度的兴趣,我们于 1981 年 1 月成立了中国第一个比较文学会——北京大学比较文学会。"② 会长季羡林,顾问钱锺书,乐黛云任秘书长。

中国现代比较文学发展史上另一件标志性事件,是 1985 年 10 月 29 日—11 月 2 日,在深圳大学举行中国比较文学学会成立大会暨首届学术研讨会,季羡林任名誉会长,巴金、钱锺书等 13 人为顾问。杨周翰为理事会会长,叶水夫、贾植芳、乐黛云为副会长。学者闻笛认为:"以此为新的起点,中国比较文学由复兴开始步入全面发展,向人们展现了广阔的前景。"③

---

① 郁龙余、朱璇:《季羡林评传》,济南:山东教育出版社 2016 年版,第 185 页。
② 乐黛云:《未名湖畔》,载《中国社会科学报·后海》,2021 年 5 月 13 日。
③ 杨周翰、乐黛云主编:《中国比较文学年鉴(1986)》,北京:北京大学出版社 1987 年版,第 34 页。

季羡林作为中国比较文学掌舵人，除了大量人脉和培养提携后学之外，最重要的支持是他对比较文学研究的学术成就。他在研究路向、方法、对象选择方面有五个特点：第一，以介绍印度故事为先导，翻译印度故事为后继，两者互为呼应。以中印比较为主，辅以他国故事。第二，中印故事研究，以影响研究为主。注重考证，强调与文化交流结合，拒绝简单比附，不尚亦不反对平行研究。第三，以具体的中印故事文学比较为基础，逐渐建立起自己的比较文学理论。这个理论以语言、历史、宗教、文化研究为背景，不求完备，但求独具特色。第四，研究由虚而实，从比较文学到比较诗学，再到思维模式，是其发展路向。第五，态度谦逊低调，语言风趣幽默，令人心悦诚服。

季羡林对比较文学的理论贡献，主要表现为一个总纲——建立比较文学中国学派，以及八大观点。"从1940年代起，季羡林就着手进行比较文学研究，取得了一系列国际公认的成果。1980年起，他更是对比较文学研究倾注了极大精力。在季羡林发表的一系列论著中，在他参与的各种各样的关于比较文学的活动中，有着一个不可动摇的总目标和总纲领——创建比较文学中国学派。"[1] 季羡林比较文学理论的八大观点是：批评西方中心论；赞同印度故事中心说；百姓是故事文学的创造者；本土化和民族化是故事流传的必然；文化交流是源，比较文学是流；文学交流促进世界各民族友谊；一国之内可以有比较文学；东方综合，西方分析。我们的这个见解得到了绝大多数学者的认可："季羡林比较文学理论，是中国学术的一份重要收获，也是中国送给国际学术界的一份有意义的礼物。"[2]

---

[1] 郁龙余、朱璇：《季羡林评传》，济南：山东教育出版社2016年版，第214页。
[2] 郁龙余、朱璇：《季羡林评传》，济南：山东教育出版社2016年版，第235页。

（六）独树一帜的学者散文家

在中国现代史上，季羡林主要有两个身份，一是大学者，二是散文家。由于季羡林的学术大都与梵文、巴利文、吐火罗文研究相关，艰深难懂，只在中外学术圈内享有盛名。所以季羡林广泛的社会影响，主要缘于他的散文作品。季羡林散文创作时间长，从20世纪20年代一直写到2009年他去世。笔耕不辍又不肯封笔的他，散文数量自然十分巨大。《季羡林评传》说："从数字上估计，季羡林散文应在500万字左右。这个数字，超过了中国所有的散文大家，也超过了世界上包括泰戈尔在内的所有散文大家。"[1]

散文作品数量巨大，不是季羡林散文拥有广泛社会影响的真正原因。真正原因是质量好，人品、文品合一，影响了一代又一代中国读者。季羡林散文有七大特征："（一）数量巨大，题材广泛，内涵丰富，古今中外，几乎无所不有。（二）类别众多，美文、小品、随笔、游记、杂文、笔谈、杂记，样样齐全。（三）强调经营，追求平淡朴实之美，真实自然之趣。（四）身体力行，写身边小事，微小中见宏大，凡俗中见典雅。（五）新意迭出，真情如山泉流淌，既动人心弦，又如话家常。（六）吐真言，讲实话，不唯上，不媚俗，不怕得罪人。（七）影响广泛，精英名宿喜欢，青年学生、市民百姓皆爱读。以上七条，任何一个作家能拥有二三条，即能享誉文坛。季羡林一人对这七条兼而有之，他的作品想不火也不可能了。"[2]

季羡林散文为什么写得好，具有上述七大特征？是因为他拥有独特的散文资源：经典实用的散文观念，学者散文的强大魅力，出类拔萃的

---

[1] 郁龙余、朱璇：《季羡林评传》，济南：山东教育出版社2016年版，第246页。
[2] 郁龙余、朱璇：《季羡林评传》，济南：山东教育出版社2016年版，第356页。

修辞能力，常写常新的序跋前言，无与伦比的人生经历，独一无二的自家家底。以上六项，每一项都功能强大，何况他集六功于一身。"季羡林散文是大散文，内容广泛，种类多样，思想深刻，文句优美，同时不失调皮与幽默，为广大不同读者群众喜爱。"①

综观季羡林散文的种种优长，之所以受到广泛而热情的欢迎，最根本的一条是接地气，受到各阶层民众的发自心底的喜爱。遇到疑难和不解，遇到分歧和争论，人们总想听听"中国最高老师"季羡林先生的意见。季羡林散文已经成了中国当代社会一笔宝贵的财富。

（七）文化交流的伟大重镇

季羡林青年时就有志于文化交流。他字希逋，又字齐奘，意在向中外文化交流史上伟大使者玄奘学习、看齐。

9 岁时，季羡林开始学习英语，充满好奇。1924 年，13 岁的季羡林在济南见到了印度诗圣泰戈尔。他从此和印度文化结下了不解之缘。1930 年，他考上北京大学和清华大学，为了今后出国方便，他决定入清华西洋文学系主修德语。除了专业课之外，他尤爱听陈寅恪的"佛经翻译文学"、朱光潜的"文艺心理学"和吴宓的"中西诗之比较"。这些他感兴趣课程为季羡林今后从事中外文化交流，打下了心理基础。1946 年，德国留学十年归来，他被聘为北京大学东方语文学系教授兼主任。可是，之后不久国共进行了三年内战。在他不知所措之际，老同学胡乔木于 1949 年春夏之交从中南海给他写信，说："国家需要大量的研究东方问题、通东方语文的人才。他问我是否同意把南京东方语专、中央大学边政系一部分和边疆学院合并到北大来。"② 季羡林认为："这于国于

---

① 郁龙余、朱璇：《季羡林评传》，济南：山东教育出版社 2016 年版，第 285 页。
② 郁龙余、朱璇：《季羡林评传》，济南：山东教育出版社 2016 年版，第 368 页。

民于北大都是一件大好事,正求之不得,岂有拒绝之理?他立即回信,表示完全同意。"① 所以,在一段时间里,东方语系是北大最大的一个系。

1949年10月1日,季羡林应邀出席开过大典。10月4日,他和金克木等25位东方语文系教师,向毛泽东主席、朱德总司令暨人民政协全体代表写信祝贺,热烈庆祝中华人民共和国成立。信中说:"对伟大的人民领袖毛主席,我们致无上的敬意,我们永远在他的旗帜下前进!"②

1951年,季羡林参加中国第一个大型出国代表团访问缅甸、印度,获得巨大成功。在德里,季羡林和团长丁西林、副团长李一氓、哲学家冯友兰等安排入住总统府,受到印度总统普拉萨德、总理尼赫鲁等的热情接待。自此,季羡林开始频繁参加我国重大的对外文化交流活动,发挥着越来越重要的文化外交作用。令国人感动的是,季羡林终其一生无私地投入到中外文化交流之中,直到生命的尽头。2009年7月10日,季羡林为孔子卫视题写:"弘扬国学,世界和谐。"第二天(7月11日),为中外友谊、文化交流操心一辈子的他永远离开了我们。

季羡林的散文创作、学术专著中,拥有大量文化交流的内容。他的《中印文化关系史论文集》《文化交流的轨迹:中国蔗糖史》是讲中印文化交流的名著。《季羡林谈义理》是一部影响巨大的散文集,对他的学术人生有着蜕变升华的意义。"综观季羡林的义理文章,我们发现一个鲜明的特征:文化交流是其核心观念。倘若没有文化交流这个核心观念,那么,21世纪中国文化将重现辉煌、东西方文化互补、文化发展进步的两个途径、拿来主义送去主义等等,都会失去逻辑和历史的依据。

---

① 郁龙余、朱璇:《季羡林评传》,济南:山东教育出版社2016年版,第652页。
② 郁龙余、朱璇:《季羡林评传》,济南:山东教育出版社2016年版,第369页。

季羡林一生学术的最高的光明金顶，是总结人类文化发展、文化交流规律的一系列义理文章，我们可以称之为'季羡林义理'。"①

季羡林在义理文章中为何如此强调文化交流的重要性呢？因为他认为讲文化交流可以"引领中国学者思想前行"，"为催生中华新文化呐喊"。新中国的成立，中国人民从此站了起来；改革开放，中华民族在经济上强起来。但是，中国知识分子中许多人受西方中心论影响，在精神上并没有站起来，依然存在着形形色色的崇洋媚外思想。"这种局面，对于实现中华民族的复兴极为不利，极为不协调。时势造英雄，英雄造时势。在政治上，五百年必有王者兴。在文化学术上，江山代有人才出。在中华民族伟大复兴的大时代，需要自己的学术领袖，需要引领文化发展的思想观念。于是，季羡林和季羡林义理，就应运而生。"② 季羡林几十年的言传身教，对于改善中国知识分子的思想生态，起到了巨大而深刻的作用。王元化题赠季羡林的九十寿序中说："河润千里，佳音振响，布教八方"，表述的正是这种喜人景象。

综观季羡林在中外文化交流方面为新中国所做贡献，我们认为："季羡林不是一位政治家，更不是一位革命家，而是一位以梵语、印度学、佛教史和文化交流为主要研究领域的学者。然而，他正是凭着自己一份学者的良知，在漫长的学术生涯中，秉持马克思主义的基本立场，站在传统文化和时代性的结合点上，以文化交流为己任，从实践和义理研究两个方面，做出了非同寻常的贡献。因为非同寻常，用'文化交流的重镇'不足以评价他的丰功伟绩，而必须加上'伟大'二字，称之为'文化交流的伟大重镇'。"③

---

① 郁龙余、朱璇：《季羡林评传》，济南：山东教育出版社2016年版，第443页。
② 郁龙余、朱璇：《季羡林评传》，济南：山东教育出版社2016年版，第445页。
③ 郁龙余、朱璇：《季羡林评传》，济南：山东教育出版社2016年版，第469页。

（八）胸怀世界的敦煌吐鲁番学家

在中国现代史上，敦煌学的产生及发展充满着悲辛和奋发，牵动着一代又一代学者的心。"季羡林和敦煌吐鲁番学紧紧地联系在一起。研究中国当代敦煌吐鲁番学不能不研究季羡林；研究季羡林，不能不研究他的敦煌吐鲁番学成果以及他为敦煌吐鲁番学发展所做的贡献。没有季羡林就没有今日敦煌吐鲁番学的成就，当代敦煌吐鲁番史就要改写。检视一百多年的敦煌吐鲁番学史，在诸多大师中没有一个人像季羡林那样，对这门科学产生了这么巨大的影响。学术界公认，敦煌学一词由陈寅恪首创。吐鲁番学由季羡林首先提出，敦煌吐鲁番学也是季羡林的创意。吐鲁番学是新疆石窟佛教文化的总称，包括龟兹学、和田学、库车学等等。包括笔者在内，学者们在行文中有时会用敦煌学指称敦煌吐鲁番学。此时的敦煌学，为'大敦煌学'。"[①]

季羡林在敦煌吐鲁番学术界的崇高地位，是由他的深厚精湛的学术贡献、长期倾心培育人才和苦心创建经营学会等三个方面合力自然形成的。

从1955年的《吐火罗语的发现与考释及其在中印文化交流中的作用》、1985年的《敦煌学、吐鲁番学在中国文化史上的地位与作用》，到2009年的《盛世开花丝绸路》，他总共创作了58篇作品，包括单篇论文、贺词序跋和专著。对于培养年轻人，无论是北大学生，还是国内外有志青年，只要在学业上有求于他，他必定全力帮助。所以，许多学者包括那些已经功成名就的著名学者，如被称为"敦煌的女儿"的樊锦诗和担任敦煌吐鲁番学会第二任会长的郝春文等，都对季羡林感激不已。樊锦诗在《沉痛悼念一代学术宗师季羡林先生》中说："先生生前

[①] 郁龙余、朱璇：《季羡林评传》，济南：山东教育出版社2016年版，第473页。

于二十世纪八十年代初以七十多岁的高龄亲自来敦煌莫高窟考察，由时任敦煌文物研究所副所长的我接待先生，先生曾对我作过一番语重心长的教导，表达了先生对改革开放初期如何化解'文革'遗留矛盾、搞好敦煌文物工作的真切关怀，给我留下难以磨灭的深刻印象；从此我还曾多次有机会面谒先生，每次都亲承先生耳提面命，谆谆教诲，令我终生难忘。"① 这些发自肺腑的话语，道出了对季羡林的深情感念。

中国敦煌吐鲁番学会成立之后，按照季羡林的人才培养计划，姜亮夫等在杭州大学（现浙江大学）开办"敦煌学讲习班"，季羡林则在北京大学开办"西域研究读书班"。两个学习班，南北呼应，成一时之盛。我们曾对此深为感慨地写道："鱼为奔波始成龙。当年参加读书班的有张广达、王小甫、王邦维、耿引曾、段晴、张保胜、钱文忠、蒋忠新、郭良鋆、黄宝生、耿世民、林梅村，以及自称'忝陪末席'的'小卒'荣新江。其中，除了张广达早已是名家，其他人都是小字辈。可是，上完读书班之后，他们中哪个没有成为当代中国学术的骄傲？"②

自古至今，世界上任何学派或思潮的产生和发展，一靠天时，二靠地利，三靠人和。三者缺一不可。而这三者不是等来的，是靠大家特别是带路人的艰苦努力争取来的。中国敦煌吐鲁番学会的成立和发展，充分地说明了这一点。"中国敦煌吐鲁番学自1980年代起，发生了翻天覆地的变化。从一部'敦煌在中国，敦煌学在国外'的伤心史，发展到扬眉吐气的'敦煌在中国，敦煌学在世界'全新学术格局。发生这种变化的关键因素，是于1983年创建了权威的学术团体'中国敦煌吐鲁番学会'。而这个学会，是季羡林按照中央精神，团结全国专家一手筹建创办起来的。在筹建过程中，困难重重，首先是思想不统一。在学会名称

---

① 樊锦诗：《沉痛悼念一代学术宗师季羡林先生》，载《敦煌研究》2009年第4期。
② 郁龙余、朱璇：《季羡林评传》，济南：山东教育出版社2016年版，第495页。

上,有人不同意叫'中国敦煌吐鲁番学会'。季羡林力排众议,反复解释,最终获得统一。事后大家都认为,'中国敦煌吐鲁番学会'的牌子是响亮的,因为它富有科学内涵与团结和谐的理念。"① 胸怀世界的季羡林先生,对敦煌吐鲁番学会所做贡献有口皆碑。

从1983年8月学会成立,直到他2009年7月逝世,季羡林一直担任中国敦煌吐鲁番学会会长。2010年4月,中国敦煌吐鲁番学会在杭州举行换届选举,新一届理事会推举郝春文接替季羡林担任第二任会长。郝春文在《季羡林先生扶持敦煌吐鲁番学成长》一文中说:在季羡林当会长的26年,"是中国敦煌吐鲁番学突飞猛进、赶上世界先进水平并在诸多领域取得领先地位的时期"②。

季羡林带领中外学者开辟的敦煌吐鲁番学研究,是一条学术之路,学术研究并非"不食人间烟火",并非纯粹"钻故纸堆"。当人们参与"一带一路"建设,欣赏电视历史文献片《大敦煌》,批判西方反华势力时,顿时觉得季羡林和他开辟的敦煌吐鲁番学研究和我们的建设、艺术欣赏、政治外交,是这样的亲密无间,简直是零距离。

(九) 笃信马克思主义的大学问家

中华大地,人杰地灵。但是,学问家常有,大学问家不常有,像季羡林这样几近全才的大学问家更是旷世难觅。陈寅恪被公认是"教授的教授",季羡林被饶宗颐称为"中国最高老师"。季羡林成为"中国最高老师"的依凭、诀窍是什么?简言之,聪颖、勤奋、坚毅、名师引路、奉献精神。但还有一件不可缺少的法宝——马克思主义。在《季羡林评传》中,评述他在印度学、佛学、东方学、翻译、比较文学、散文、文

---

① 郁龙余、朱璇:《季羡林评传》,济南:山东教育出版社2016年版,第497页。
② 郁龙余、朱璇:《季羡林评传》,济南:山东教育出版社2016年版,第497页。

化交流、敦煌吐鲁番学研究八大贡献之后，在总结性的第九章《笃信马克思主义的大学问家》中，论述他受到马克思主义影响，在翻译中接受马克思主义、学术研究中自觉运用马克思主义、正确处理传统文化和马克思主义的关系。为读者呈现了一位笃信马克思主义的大学问家季羡林的成长历程。

在季羡林的学术生涯中，他于1951年翻译并出版卡尔·马克思的《论印度》，让他对马克思主义有了真切的了解。由此开始，他追求准确、全面地翻译、理解马克思主义。1974年5月5日，他给诗人臧克家写信说："从明天起，我们系里停课学《哥达纲领批判》，这是一部伟大的著作，可惜中文译本有的地方如天书。我弄到了德文原本对了一下，并不如此。"① 1977年8月27日，在给臧克家的信中季羡林又说："学了几十年的马列主义，我现在发现，我原来刚入门，是一个初小一年级的学生。"② 这句在当时背景的谦辞，反映了他几十年学马列、信马列的事实。

综观季羡林的学术人生，我们坚定地认为："马克思、恩格斯的名字，在季羡林著作中的出现率高居榜首，遥遥领先，有力地告诉人们：季羡林是一位笃信马克思主义的大学问家。季羡林学习、研究马克思主义，成了自己工作和生活不可缺少的一部分。所以，他的学习和研究是自觉的。马克思主义的指导促进了他的学术研究，他的学术成就又坚定了他对马克思主义的信仰。在季羡林那里，马克思主义是一种先进的理论，是科学的世界观与方法论。因而，它是非功利的，不是教条，不是标签，更不是吓唬人的虎皮。他不但亲近马克思主义，而且对马克思、恩格斯也有一种亲切感。"③

---

① 季羡林著，蔡德贵编：《季羡林书信集》，长春：长春出版社2010年版，第17页。
② 季羡林著，蔡德贵编：《季羡林书信集》，长春：长春出版社2010年版，第32页。
③ 郁龙余、朱璇：《季羡林评传》，济南：山东教育出版社2016年版，第523页。

著名学者袁行霈在2007年5月《明报月刊》上发文说:"一个没有典范的社会是悲哀的,一个虽有典范而不懂得尊敬的社会更是悲哀的。我们还有季先生这样一些典范,而我们也知道应当如何敬之爱之,用他们的人格和学问来规范自己。"

情寄八荒　平易炜晔
——季羡林散文艺术特质探微

陈亚丽[*]

季羡林一直以国学大师、学界泰斗闻名遐迩,"南饶北季"是世人对其渊博学识的肯定。其实,除了学术成就之外,在散文创作方面,季羡林依然属于"独占鳌头"之类,其20世纪八九十年代的散文创作,达到了一个高峰。不仅数量多,而且社会影响大。他的散文创作大体可以分为两类,一类是叙事抒情散文,另一类是文化随笔。前者往往抒情性极其凸显,虽然他谦称是"票友作家",但他的散文常常是文采飞扬,颇有专业作家的"风韵",与五四时期的抒情散文一脉相承,与萧乾、柯灵等当代专业作家的散文意蕴较为接近。同时,他的"书话"、序言等文化随笔,与其他学者型的"老生代散文家"(如金克木、张中行等)也有明显的共同之处,在学者型的散文家中,季羡林的散文创作成就是极其显著的。

季羡林的散文首先是以浓郁的赤诚之情来牵动读者心弦的。他的散文与其他学者的散文不同,他的情感是外露而充沛的,是"情满于山"

---

[*] 陈亚丽,现为首都师范大学文学院教授。

"情溢于海"。他在散文里所呈现的情感之强烈、表达之直率,多被读者称道。他对于大自然一切美好的景致,都赋予了浓烈的情感。比如他在《晨趣》里,见到美好的朝阳,情不自禁地发出感慨:

多么可爱的清晨,多么宁静的清晨!

此时我怡然自得,其乐陶陶。我真觉得人生毕竟是非常可爱的,大地毕竟是非常可爱的。我有点不知老之已至了。我这个从来不写诗的人心中似乎也有了一点诗意。

此身合是诗人未?

鸽影湖光入目明。

我好像真正成为一个诗人了。①

像这样情浓意切、炽热火辣甚至纯真浪漫的语言,在季羡林的许多散文里都可以见到。他这种情感的炽热,有些像巴金。他的散文里经常可以看到"不禁老泪纵横矣"的真情流露。他对母亲的眷恋,对于文友的怀念,对于留德时期老师的怀念,对荷花开花儿的热切期盼,对家猫的悉心怜爱,总之,对于一切他身边的、与他"同呼吸共命运"的生命,他都寄予了一份真情。在《我记忆中的老舍》这篇散文里,他以细腻的笔法,剖析了老舍"自沉"时的心理活动,字里行间充溢着满腔的悲愤与无限的惋惜。在《留德十年》里,他展现的是"我那像母亲一般的女房东","我那一些尊敬的老师,他们的笑容又呈现在我面前"。他在散文里所表露的浓烈的情愫,首先不亚于年轻的作者,而且有时比年轻的作者更甚。他的《清塘荷韵》,辞采华丽、意韵深远。其运笔之清

---

① 季羡林:《晨趣》,见《当代中国散文八大家——三真之境》,深圳:海天出版社2001年版,第20页。

秀,情韵之饱满,简直让人想象不出,是出自一位耄耋老人之手。从他的散文里,人们可以感受到,他的心永远是年轻的、富于青春朝气的。

他很善于描写湖光山色的自然景观,更善于在描写自然景观的同时,抒发自己的真挚情感。他的描写细腻、形象,耐人寻味。比如《火车上观日出》《登庐山》《雾》《二月兰》《梦系未名湖》《槐花》等。他之所以能够写出这类语言考究规范、文辞艳丽的散文,与他明确的创作理念有直接的关系。他明确主张散文创作需要"惨淡经营"。在他的怀人记事散文里,确实是实践着他的这种创作主张。他的散文语言的确考究,而他的真诚以及他的平易,又使得他的散文并不给人做作的感觉,相反,却是极其自然与和谐。

季羡林在德国的十年实际是充满艰辛的,天上时常有战斗机的轰炸,还要长时间忍受商品封锁带来的严重饥饿。然而面对恶劣的客观环境,季羡林依然对生活充满乐观精神,对于德国的山川景物依然情有独钟。在《留德十年》中作者呈现出了许多自然风光及诱人物象。《山中逸趣》记叙了哥廷根的山林景致,夏天多雨,"本来已经碧绿的草和树本,现在被雨水一浇,更显得浓翠逼人。整个山林,连同其中的草地,都绿成一片,绿色仿佛塞满了寰中,涂满了天地,到处是绿,绿,绿,其他的颜色仿佛一下子都消逝了。雨中的山林,更别有一番风味。连绵不断的雨丝,同浓绿织在一起,形成一张神奇、迷茫的大网"①,甚至还会与小动物不期而遇:"远处在林深处听到柏叶上有的声音,抬眼一看,是几只受了惊的梅花鹿,瞪大了两只眼睛,看了我们一会,立即一溜烟似的逃到林子的更深处去了"②。作者漫步山林之间,陶醉于山林中的绿意,并偶遇梅花鹿,笔法清新灵动,字里行间透露出诚挚与纯真。可以

---

① 季羡林:《留德十年·山中逸趣》,北京:东方出版社1998年版,第82页。
② 季羡林:《留德十年·山中逸趣》,北京:东方出版社1998年版,第84页。

想见,作为留学生,特别是来自尚沉沦于战火中的中国留学生,只身漂泊在第二次世界大战中的德国,季羡林一定承受着巨大的精神压力。但是在《留德十年》中,作者依然从容记录下了这些美景、人情和温馨时刻,这一方面证明了季羡林其人是真正情感充盈的作家;另一方面也充分显示出他的乐观主义精神和豁达的人生观。

由于他心智开朗、胸怀坦荡,再加上饱蕴情愫,所以有时在他的散文里还具有掩饰不住的童真。《佛山心影》里,他那种充满稚气的想象以及他感受到真诚的友情之后的欢喜,都强烈地显示出他的童心不泯。浪漫主义影响了他一生。在《佛山心影》中,季羡林从广州返回北京的飞机上,回味着此行结识的"挚友"因而心潮澎湃,他说:

> 这友谊就像仙露醍醐一样,滴到了我这老迈的心头,使它又溢满了青春活力。垂暮之年,获此殊幸,岂不快哉!岂不快哉!我感觉到,我仿佛变成了一只风筝,越飞越高,越飞越远,——似乎要同嫦娥和吴刚会面了。①

拍手称快的兴奋及由此带来的大胆想象,充满激情,更充满童趣。一幅其乐融融、憨态可掬的老小孩儿的情态,跃然纸上。另外,季老对于小动物的"关爱",也显示出他的至纯境界。他在《九十述怀》里,如数家珍般地给读者介绍他的家庭成员:四只猫、两只乌龟、五只大甲鱼;并饶有兴致地描述猫专门在他裤腿上撒尿,乌龟吃食时的"愉快",甲鱼应该上法院讨回自己的名誉费,等等,一切都情趣盎然,令读者忍俊不禁。读者从中可以深切地体会出,作者心境的平和与怡然。在他的散文里,"真"绝不是一种"装饰",而是一种美德。正像王国维所说:

---

① 季羡林:《佛山心影》,见《千禧文存》,北京:新世界出版社2001年版,第11页。

> 大家之作,其言情也必沁人心脾,其写景也必豁人耳目,其辞脱口而出,无矫揉装束之态。①

季羡林的散文因"真"而坦然,因"真"而豁达,也因"真"而无畏,更因"真"而境界高远。"言忠信,行笃敬",给像季羡林一样的"世纪老人"注入了高质量的人生追求,使他们无论遭遇怎样的险境,都能收拾住自家精神,不为物累,不为境移;并由此引发出他们高度的自我创新精神。

情感的浓烈与情感的真挚都是季羡林散文的突出特征。季羡林曾经说过他喜欢的人应该是:

> 质朴、淳厚、诚恳、平易;骨头硬,心肠软;怀真情,讲真话——关键是一个真字,是性情中人;最高水平当然是孟子所说的"富贵不能淫,贫贱不能移,威武不能屈"。②

这里所说的"质朴、淳厚、诚恳"等与"主忠信"等儒学思想恰恰不谋而合;"怀真情,讲真话——关键是一个'真'字",显然与巴金的想法完全一致。季羡林还说过一句"至理名言":"我认为,在日常社会交往中,说几句假话,露出点不是出自内心的假笑,还是必要的,甚至是不可避免的。"③ 生活中没有人敢这样"实话实说",但是这恐怕是千真万确的事实,这才是世间的"真言"。季羡林这里所说的"假话",是就生活层面亲朋好友之间相处"艺术"的,与他的人生追求并不矛盾,与巴金所说的"讲真话"也并非同一层次的问题,人所共知,巴金的

---

① 王国维:《人间词话》,上海:上海古籍出版社2001年版,第14页。
② 季羡林:《佛山心影》,见《千禧文存》,北京:新世界出版社2001年版,第16页。
③ 季羡林:《论说假话》,见《千禧文存》,北京:新世界出版社2001年版,第66页。

"讲真话"是针对"文革"之后的中国社会以及文学创作层面而言的。季羡林的《为胡适说几句话》《赞代沟》等，都实践了他自己讲真话的人生追求。真诚带给读者的除了艺术享受之外，更有一种心灵的触动。

他的《留德十年》，被汤一介先生称为"经典著作"。既反映了作者在德国刻苦学习、扎扎实实做学问的奋斗精神，同时也集中反映了他文学的创作才情。对哥廷根的山林的描写简直到了出神入化的境地。其中整个"山中逸趣"一节，都是如诗、如画的美景。作者一生中的艺术才情，似乎都赋予了哥廷根。他说："哥廷根的山林就是小夜曲。"他为读者描绘了这片山林春夏秋冬四季的美景。其中的秋景，是这样的：

> 你抬眼就能看到一片耀眼的绚烂。只说黄色，就数不清有多少等级，从淡黄一直到接近棕色的深黄，参差地抹在一片秋林的梢上，里面杂了冬青树的浓绿，这里那里还点缀上一星星鲜红，给这惨淡的秋色涂上一片凄艳。①

在"第二次世界大战"烽火连天的年代，对于远离故乡的季羡林来说，这片密林是一道使他真正得以安宁的天然屏障，是他极大的精神安慰。而且还使他从中悟出了禅机：在任何情况下，人生有但不会只有痛苦。这对他能够平安度过此后遭遇的艰难岁月，产生了极大的影响。他这种在痛苦中看到希望的豁达精神，正是中国知识分子的可贵品质，也是中国古代哲学的主要基调"天人合一"的具体体现。虽然山林之外，是战场，但是彼时彼刻的他已经完全融入那一片美妙的大自然当中了。

作者的狂飙突进式的激情，在描写这些美妙景致的时候更找到了恰

---

① 季羡林：《留德十年》，北京：东方出版社1998年版，第83页。

到好处的依托。他说:

> 从我来到哥城的第一天起,我就爱上了这山林。等到我堕入饥饿地狱,等到天上的飞机时时刻刻在散布死亡时,只要我一进入这山林,立刻在心中涌起一种安全感。——当全城人民饥肠辘辘,在英国飞机下忐忑不安的时候,山林却依旧郁郁葱葱,"依旧烟笼十里堤"。我真爱这样的山林,这里真成了我的世外桃源。①

季羡林的散文,除了情感浓郁之外,还有一个特点就是平易直白,即使探讨深奥的哲学,也像拉家常一样,娓娓而谈,一切都要"点破",绝不摆学者架子,绝不故弄玄虚。引用了别人的观点,也反复告诫读者,并且绝不妄加评论。他的观点甚至总是会"和盘托出",没有丝毫"隐瞒"。他学富五车,但却真诚质朴。就像钟敬文先生所评价的那样:"为文如此,为人亦如此;学问一流,道德一流"。

他散文的语言,像其他老生代散文家一样,也时常点缀着四字短语。比如"我往往不是看到社会上的一些不正常现象而牢骚满腹,怪话连篇,而是迷惑不解,惶惑不安"②。四字短语,既恰当地表达了文意,又使语言形式显得整齐、简练,是现代汉语词汇与古代汉语语法的有机结合,而且二者的结合浑然一体,珠联璧合。这样的语言穿插在散文当中,使散文平添端庄和秀丽。在季羡林的散文作品里,这种古色古香的韵味,是自然而然表现出来的,绝不给人文白夹杂的生硬感觉。四字短语的穿插及连续运用,明显是老生代散文家受古代散文影响的结果,它不光是简单的字数问题,而且还带有文言的词汇、文言的韵味,是他们

---

① 季羡林:《留德十年》,北京:东方出版社1998年版,第83—84页。
② 季羡林:《老年十忌》,见《千禧文存》,北京:新世界出版社2001年版,第85页。

古文修养的具体体现,同时也是他们内敛的思维方式的具体呈现。这种语言形式,一方面充分、准确、形象、生动地表现了客观事物,另一方面,又使语言高度升华与凝练。充分体现了季羡林散文的"老到""老成"。语言形式本身,无所谓高下,只要语言形式与内容协调一致,就是可取的。在季羡林的散文里,这种四字短语的语言形式,恰到好处地顺应了他独特的表达思想的需要。这是一种内容与形式的和谐统一,使他的散文语言增色不少,既典雅大方,又自然庄重。

在当代文坛,除了老生代散文,很难找到如此简洁、生动、传神的描绘。比如季羡林写人物的品格:"他淳朴,诚恳,不会说谎,不会虚伪,不会吹牛,不会拍马,待人以诚,同他相处,使人如坐春风中。"[①]没有良好的古汉语修养,模仿是无济于事的。他之所以拥有这样简约精要的语言,首先是古汉语的遗风和中国古典散文中"雕琢返璞"艺术追求的深度影响;其次是在他的创作过程中根本不会在意语言的"修饰"问题,而是以"文能达意"为最终目的。所以季羡林的语言既没有因为简洁而"简陋",更没有因为简洁而显得过分"拘谨",相反,却是极其轻松、自然,而且达到了"信、雅、达"的最高境界。季羡林散文的语言与其他老生代散文家一样,是简洁之中蕴含无穷的韵味,简练中有亲切、自然、深刻的内涵;而且是"繁"、简有方,疏密有度。在当代文坛,他散文作品中这种"文白交融"的风格,很可能是"前有古人",却"后无来者"的世纪绝响。

吴冠中谈及中西画理的一致性时说,"艺术规律是世界语"。季羡林曾放豪言,东方文化在21世纪将风光重现。这些都反映出老一代中国艺术家、学者兼作家的胸襟与气魄。他们都是"留过洋"的,值得我们

[①] 季羡林:《哭冯至先生》,见《三真之境——当代中国散文八大家》,深圳:海天出版社2001年版,第263页。

关注的是他们越是了解外国文化,越是懂得珍视民族文化。他们的散文作品,与其说是一种单一的创作,不如说是一种人格气韵的表征。他们在散文作品里凝聚着一股"思接千载,视通万里"的气韵、一种恢宏的气势。季羡林深谙西方文化,所以他对东方文化充满信心。他特别了解东方文化的深厚,对于"天人合一"的"新解",见解独到。对于"中国古代哲学的主要基调",在中国古代各种版本的解释就有很多,他没有盲从;他从"世界四大文化圈"的高度,总结出"整体概念、普遍联系"的东方文化思维的模式;他还认为,"思维模式是一切文化的基础,思维模式的不同才是不同文化体系的根本不同"①。这就是他自谦为"哲学的门外汉"而做出的哲理分析。他以中国学者传统的谦虚姿态讲授着东方哲学的深邃见解。无论多么深奥,他均能深入浅出。

作为"老生代"散文家中的一员,季羡林在散文里带给读者的不光是意境优美、文辞华丽的艺术享受,还有智者的哲思。他在 20 世纪 90 年代初才写出《牛棚杂忆》,是在一度期盼而又极度失望的情况下写就的。他认为对这场事件,应该有深刻的反思,尤其是应该有反面教员的现身说法,才能引起广大民众的警觉;真正找到"文革"发生的根源,才能保证后人不再重蹈覆辙。他一方面忍受着重新揭开身心伤痛的折磨,真实、客观地描述了那一段"非人"的生活,同时又背负着拯救国民良知、洗刷民族耻辱的责任,力图阻断类似事件的重演,再一次"挺身而出",道出了一位老知识分子的赤诚之心。这是一本让人读过之后回味良久的血泪相和的控诉书,它让人感到压抑的同时,也能引人从生命、精神、历史等角度去思考。

在《牛棚杂忆》里,他对于那种"畸形"的、被扭曲了的生活,表现出极大的"宽容"态度。他拥有与巴金一样的真诚;与杨绛一样的智

---

① 季羡林:《东学西渐与"东化"》,载《光明日报》,2004 年 12 月 23 日。

慧；与陈白尘一样的善良。《牛棚杂忆》与《干校六记》《云梦断忆》拥有一样的大气及超然的境界。在"自序"里，他以一个"老知识分子"自觉的"自省"精神，首先反思了自己：

我自己在被打得"一佛出世，二佛升天"的时候还虔信"文化大革命"的正确性，我焉敢苛求于别人呢？打人者和被打者，同是被害者，只是所处的地位不同而已。①

这需要怎样消化"痛苦"的勇气和气魄，才能够如此坦然地直面"同样是受害者"这个事实的人，迄今为止，也仍然凤毛麟角。这主要是作者的人格精神在起作用。文中反诘、反语随处可见。作者的"描述"始终是理智的、温和的。为了使文章更客观，他还特别几易其稿，努力减少个人的情感因素的"干扰"。

他还把中国知识分子的特点与印度的知识分子做比较，从而导引读者向更深层思索。他尤其尖锐地指出：

一部中国古代政治史至少其中一部分就是最高统治者皇帝和大小知识分子互相利用又互相斗争、互相对付和应付，又有大棒，又有胡萝卜，间或甚至有剥皮凌迟的历史。②

他号称这是自己的大胆的"理论"，其实是他"点破窗纸"。读史书的人不少，但是能够思考到深层的问题、发现新观点的人不多。也许就像张中行所说的那样，有些人仍然是不敢说真话。即便发现了一些"症

---

① 季羡林：《牛棚杂忆》，北京：中央党校出版社1999年版，自序。
② 季羡林：《一个老知识分子的心声》，见《牛棚杂忆》，北京：中央党校出版社1999年版，第263页。

结",也不敢去"揭"伤疤。

作为当代中国知识分子的杰出代表,季羡林很好地继承了"五四"的文化批判精神。既有华美的文笔,又有深邃的思想,两者的结合,才是中国气派的散文大家。他的散文既显示了作者的文才,也显示出作者过人的胆识与勇气。他的散文不仅美在形式,更美在内容;读之使人增进识见,陶冶性情,并油然而生"高山仰止,景行行止"的钦慕之情。

季羡林先生未刊日记初探
——尘封的记忆：季羡林先生的第一次泰山之旅

王佩芬*

日记往往是研究某一著名人物的珍贵原始资料，同时也是侧面反映时代和社会风貌的一面镜子。学问大家季羡林先生曾经说过："日记是最具体的生命的痕迹的记录。以后看起来，不但可以在里面找到以前的我的真面目，而且也可以发现我之所以成了现在的我的原因。"季羡林先生曾依据一句不删、一仍其旧的原则出版了自己在清华园读大学的日记。时至今日，这本《清华园日记》已经成为研究季羡林生平经历和学术道路，以及20世纪30年代清华大学校史的重要资料。此外，季羡林留德时期的日记也曾以《季羡林日记：留德岁月》的书名出版，完整呈现了季羡林留德十年的生活面貌。

季羡林先生第一次记日记是在济南读高中期间，起止于1928年7月14日至1929年1月15日，之后的一段时间，包括在清华大学的前两年，日记停记。1932年8月22日，季羡林恢复记日记，到1934年8月11日，季羡林毕业回济南，这部分就是《清华园日记》。此后季羡林开

---

* 王佩芬，国华羡林（北京）文化发展有限公司法定代表人、季羡林读书会发起人。

始了在母校济南高中担任国文教员的日子，直到获得了留学德国的机会，开始了漫长的留德十年岁月。《季羡林日记：留德岁月》中收录的日记，起始时间为1934年11月24日，包括了季羡林担任高中教员的一段日记，意在完整呈现季羡林留德的起因和过程。对照之下即可发现，在两本日记之间有一段时间被隔过去了，即1934年8月12日至11月23日，这段时间是季羡林刚刚步入职场、走马上任国文教员并逐渐适应教书生活的时期。可惜的是，这一段日记之前一直未曾公开出版。于是在季羡林的清华园日记和留德日记之间形成了一段空白。对季羡林济南高中教员时期未刊日记的研究，可以将季羡林的清华园日记和留德日记联系为一个统一的整体，从宏观上更好地把握季羡林在20世纪30年代至40年代的学术人生之路，推进"季学"的建构和完善。

鉴于这样的必要性，笔者通过季羡林读书会，与郭磊峰、王进花等读书会同仁辗转搜寻，反复研读季羡林先生在济南高中教员时期这段未刊日记的手稿影印件，发现这段时间的日记果然有其独特的价值。其中提到了不少值得关注的细节，比如季羡林生平第一次正式授课，选讲义和备课的思路，教书遇到的不愉快和牢骚，阅卷和监考的心情，对校方不合理安排的抗争和维权，生平第一次领到薪水，主业之外的阅读和写作，日常的娱乐活动，与朋友的交往，故旧师友的消息，母亲的周年祭，婶母的去世，等等。这些细节都非常有价值。总的来说，虽然这段未刊日记的时间跨度不大，总体篇幅也只有24页左右，但可挖掘的内容和深度对于扎实研究季羡林先生学术生平及品格思想着实不容忽视。

在季羡林1934年8月12日至11月23日这段未刊日记中，关于登泰山一事的记述是最为浓墨重彩的一段，两天的日记占了千字以上的篇幅，超过了这三个多月日记总篇幅的七分之一，其重要性可见一斑。

季羡林作为生于齐鲁大地的学问大家，不仅对泰山文化有着自己独特的见解，而且终生保持着浓厚的"泰山情怀"。2005年8月，耄耋之年的季羡林饱含赤诚之心抱病撰写《泰山颂》，写了两稿初稿并多次修改润色，还是觉得不是很满意，力求精益求精。终稿之后，《泰山颂》由同为齐鲁之子的大书法家欧阳中石先生书写，勒碑与岱庙石刻园，为泰山文化增添了新的风景。《泰山颂》全文如下：

巍巍岱宗　五岳之巅　雄踞神州　上接九天　吞吐日月　呼吸云烟
阴阳变幻　气象万千　兴云化雨　泽被禹甸　齐青未了　养育黎元
鲁青未了　春满人间　星换斗移　河清海晏　人和政通　上下相安
风起水涌　处处新颜　暮春三月　杂花满山　十月深秋　层林红染
万木争高　万卉争艳　争而不斗　和谐自然　天人合一　宛然实现
金秋十月　层林红染　游人至此　流连忘返　三十三天　海中三山
人间桃源　伊甸乐园　处处名胜　谁堪比肩　登高望岳　壮思绵绵
国之魂魄　民之肝胆　屹立东方　亿万斯年

从文字中我们不难感受到季羡林先生对于泰山的推崇和深情。那么，如果我们去追溯季羡林先生"泰山情怀"的源头，就会自然而然产生一个问题：季羡林的"泰山情怀"，仅仅是因为季羡林是山东人、泰山是山东重要地理文化地标这样的联系而产生的吗？季羡林与泰山之间，除了乡土地缘的纽带之外，还有没有别的不为人所知的"缘分"呢？抱着这样的疑问，笔者对季羡林先生的作品尤其是游记类散文进行了检索。季羡林先生并没有专门写过以泰山为主题的游记散文，但是在诸多文章中均提到了青年时代某一次登泰山的经历。如《登庐山》一文中写道：

　　五十年前，我在大学毕业后，改行当了高中的国文教员。……我当时童心未泯，颇好游玩。曾同几个同事登泰山，没费吹灰之力就登上了南天门。在一个鸡毛小店里住了一夜,第二天凌晨攀登玉皇顶,想看日出。适逢浮云蔽天,等看到太阳时,它已经升得老高了。我们从后山黑龙潭下山,一路饱览山色,颇有一点"一览众山小"的情趣。泰山给我留下了非常深刻的印象。从审美的角度上来评断,我想用两个字来概括泰山,这就是:雄伟。

在《火车上观日出》一文中,对这一事件的回忆更为详细:

整整五十年前,当时我还是一个青年小伙子,正在济南一个中学里教书。在旧历八月中秋,我约了两个朋友,从济南乘火车到泰安。当天下午我们就上了山。我只有二十三岁,正是精力旺盛的时候,我大跨步走过斗姆宫、快活三里、五大夫松,一气登上了南天门,丝毫也没有感到什么吃力,什么惊险。此时正是暮色四垂,阴影布上群山的时候,四顾寂无一人,万古的沉寂压在我们身上。在一个鸡毛小店里住了一夜。第二天,摸黑起来,披上店里的棉被,登上玉皇顶。此时东天逐渐苍白。我瞪大了眼睛,连眨眼都不敢,盼望奇迹的出现。可是左等右等,我等待的奇迹太阳只是不露面。等到东天布满了一片红霞时,再仔细一看,朝阳已经像一个红色的血球,徘徊于片片的白云中,原来太阳早已经出来了。

从两段文字的行程叙述中可以肯定,它们描述的是同一件事。这一事件在《高中国文教员一年》中也有所记述,只不过较为简略:

1934年秋天,我曾同周和另外一位教员共同游览泰山,一口气登上了南天门,在一个鸡毛小店里住了一夜,第二天凌晨登上玉皇顶,可惜没能看到日出。

种种迹象表明，这三段文字回忆的是同一件事，时间大致发生在1934年的中秋节前后，季羡林与同事曾登泰山一游，在山上过夜并于第二天凌晨登玉皇顶观日出。从文字描述中我们可以猜测这很可能是季羡林人生中第一次登泰山。正因为是第一次，所以观日出时才会"瞪大了眼睛""连眨眼都不敢"，而因浮云遮蔽没能看到日出的壮美之后，才会留下"可惜"的心情。从季羡林事隔五十多年之后依然在文章中多次提及这次登泰山的经历来看，虽然观泰山日出并不算顺遂，但这次泰山之旅依然给他留下了终生难忘的印象，基本可以认定这次泰山行正是季羡林"泰山情怀"的源头。

那么，关于这次泰山之行，能否找到原始的、更为可靠的第一手记述呢？季羡林1934年8月12日至11月23日的未刊日记中记录的登泰山一事是否就是他后来在文章中屡屡回忆起来的那一次呢？我们先来看一下日记原文：

1934年10月9日

早六时即起，乘车赴车站。乘铁皮车（原来说是铁甲车，结果却是铁皮车）赴泰安。下车后到三中访瑞周，出赴齐鲁饭庄吃饭，遇宋校长，与之同食。同桌有李德铭（国民军训主任委员）、高其冰（三中校长）、刘秘书、张鸿渐。

预备雇轿，但轿夫故意倒乱，终未雇成，心中颇不痛快。因本想今天到山顶，明天看日出。这样一耽误，现在已经下午三点了，怎能到山顶呢？结果终于自己走上去。同行有一山、铭西。雇脚夫一人。

泰山毕竟不凡。一入山口即闻泉声。沿盘路上去，一路泉声不绝。经斗母宫，庙不甚大，当年艳名，今已不复能见。尼姑亦老，即丑，令人有落寞之感。

至二虎庙，天已向晚，但仍努力走上去。至南天门天已暮，又复疲惫。回望暮烟四合，泰安城如在井底。旁有泉声，松树成列。遥望南天门，如在眼前，如在顶上，斗峭不可逼视。满以为瞬间可到，但攀上一级，又一级横在眼前。数十级之后，再望天门，依然如在眼前，如在顶上。此时身疲神倦，登一级如登天，五六级辄一息，真如上天矣。行行复行行，不知几多时间，始至南天门，已疲不能行，汗下如雨。坐石上等一山、铭西，汗朱消而冷至，冷不可当。但□众□，山上已□□□，乃宿南天门上小店中，室内有炉火，颇不冷。灯光如豆，照见四壁黝黑，如置身 Faust 中之魔窟，如置身 Canterbury Tales 中之小店，别有意味。夜中冷不可当，幸携来毛毡，方不觉冷。夜二时即起，先赴玉皇顶。黑暗中电炬明灭，声音相闻，盖昨晚上来学生甚多（此次来泰者有高中、一师、齐鲁、医专、上海浦东等校）。山顶风更峭，夜更黑。由玉皇顶又至日观峰。

从内容来看，日记所记载的正是季羡林后来在文章中屡次回忆的泰山之行，当然由于时间的流逝和记忆的褪色，诸多细节可能会有一些偏差。

从时间来看，这次泰山之行发生在 1934 年秋天的 10 月 9 日至 10 日，与《火车上观日出》中回忆的"旧历八月中秋"稍有偏差，当年中秋节为 9 月 23 日，与此次泰山之行相差了半个多月。在这一天的日记中季羡林写道："今天是旧历中秋节。早晨起的颇早，先到学校，后到三姨家和秋妹家。早晨一山在我家吃饭。饭后到处运动场一游，风真太好了。回家后打牌，晚上又打。然而却没有月亮，只听到人们一片喝酒声。"在这篇日记前后也没有找到季羡林有任何出游的迹象。

那么这次泰山之行的起因是什么呢？在季羡林后来文章的回忆中，

似乎这只是他和两个同事朋友一时兴之所至，但从当时的日记来看恐怕并非如此。在泰山之行的前一天，即 10 月 8 日，季羡林在日记中写道："早晨上课，因明晨往泰山旅行，下午停课，不过学生已现不安状，听讲也有点勉强了。过午无聊已极，同一山到街上买了点东西，预备上山用。"其中明确点出一个因果关系，因为第二天的泰山旅行，当天下午停课，但即便如此，在上午的时候学生已经心不在焉。由此推断这次泰山之行很可能是一次提前组织的、师生共同参与的集体活动。在 10 月 9 日的日记中季羡林写到在泰安的齐鲁饭店遇到本校校长宋还吾、山东省立三中校长高其冰、国民军训主任委员李德铭等人，以及下文提到"盖昨晚上来学生甚多（此次来泰者有高中、一师、齐鲁、医专、上海浦东等校）"，可知这是一次有政府参与的、多所学校共襄盛举的活动。那么，这样一个不惜停课也要举行的盛大活动，其背后的起因也就不难猜出了，即很有可能是出于纪念辛亥革命和庆祝当时的中华民国诞生日的目的。

虽然这是一次参与人数众多的活动，但实际爬山的过程中与季羡林同行的似乎只有一山、铭西两个人。这与其他文章回忆中提到的"两个朋友""几个同事""周和另外一位教员"的细节相吻合。

一山指的是刘一山（河南人，物理教员），季羡林对他的评价是"人很憨厚，不善钻营"，大约在 1935 年春天被学校解聘。具体过程颇有戏剧性：其他人都接到聘书，只有刘一山没有，他向季羡林探询了几次之后，便主动向宋还吾校长提出辞职，宋校长当然大为惊诧，并率教务主任和训育主任郑重其事地加以挽留，刘一山不为所动，毅然请辞。至于为何被解聘，据季羡林 1935 年 1 月 19 日的日记，是因为学生反对。季羡林还因此有了担忧，向当时已经辞掉教务的蒋程九打听自己会不会被解聘，得到的反馈是同学们对他都很好，下学期不成问题。季羡林之所以会有这样的担忧，也是因为他的前任国文教员就是被学生"架"走的。因此季羡林上任之后颇为战战兢兢、如履薄冰，但他秉持实事求是的态度教书育人，所幸也得到了学生们的拥护。

铭西指的是另外一位周姓教员，在后来的日记中季羡林更多地记之为"洁民"。《高中国文教员一年》记载："一位姓周的，名字忘记了，是物理教员，我们之间的关系颇好。"以此可知周洁民与刘一山一样，是物理教员。但是，在季羡林的日记中曾多次将周洁民与英文挂钩，如季羡林1934年2月12日日记："商量的事情就是高中英文教员，是洁民来呢？还是大千来呢？当时也没能决定。"这里的大千指的是许振德，1933年毕业于清华大学外国语文系，与钱锺书同班，后去美国。还有季羡林1935年5月30日日记："早晨只有一班。因为过午替洁民出席英文研究会，所以便把其余的时间用来预备。"这里的"英文研究会"所指似与1935年4月20日日记有关："学生校外组织英文研究会，请张友松同我指导员。今天过午开会，我觉得会里以八级人数为最多，张是教七级的，我是教国文的，所以不便担任。"由此可见，这个英文研究会的指导老师以教八级的英文教员为主，季羡林虽然教的是国文，但本身也是毕业于清华外文系的才子，所以也被邀请入会担任指导。由以上两条来看，并不能完全排除周洁民是英文教员的可能性。至于季羡林在后来文章中写周是物理教员，可能是由于年深日久，季羡林不仅忘记了周的名字，而且将当时一同登泰山的刘一山物理教员的身份张冠李戴到了周洁民身上。如果周洁民是英文教员的话，想必会和外文系毕业的季羡林有不少共同话题，事实上在季羡林日记中也可以看到他们之间就文学艺术等话题进行谈论。话说回来，如果周洁民是物理教员的话，季羡林作为一个外文专业毕业的国文教员，到高中教书后同事中交集颇深的两个朋友竟然都是物理教员，似乎也会有一丝令人疑惑的地方。

接下来日记写的便是登泰山的具体过程，从"泰山毕竟不凡"起笔，伴随着不绝的泉水声，一路经过斗母宫、二虎庙，成列的松树和一级一级延伸如登天的山路,夜里在南天门上的小店稍事休息,凌晨又开始继续登山,从玉皇顶到日观峰,为早上的观日出做好准备。这一段文字的风格与季羡林平时的日记截然不同,带有很浓厚的中国古典游记散文的气质。其实这一现象在《清华园日记》中就已经很明显了,如《游香山碧云寺》和《毕业游杭州》。每到涉及游览旅行的内容,季羡林的日记都会突出呈现出两方面的特征:一是篇幅变长,二是用语文言化,带有明显的古代散文的语言韵律和节奏,具体表现为短句为主,整散结合,顿挫分明,简洁有力。季羡林后来写过诸多各式各样的游记散文,这些散文不同于其他的作家或旅行者的游记,观景往往与叙事、议论、咏物、怀古等元素有机地融合在一起,更重视人的感受和文化的意蕴,而非单纯对客观景物的描摹。其实这正是日记体游记的特色,兴之所至万物皆可入于笔下。或许可以认为,在日记中写游记的习惯对季羡林后来游记散文风格的形成确实产生了一定的影响。

接下来我们再看一下季羡林在1934年10月10日的日记中对于观日出的过程记述:

1934年10月10日

在日观峰候看日者不下百余人。至五时半以后,始见东方天际,微亮,继而转红,在红云中有更红霞片浮动。明星一颗幌幌上升,满以为日出在即,群声呼应,但迟之又迟,日似不出。此时天已大亮,东天红云更红。红云下则黑云如抹墨,以为看日无望矣。正懊悔间,于□□,黑云止矣,现一火球,先露红边,渐大渐大。此时呼声四起,我不禁想到 Hölderlin 给太阳的诗。火球渐露全体,球面有黑云,球上则黄光如火炉中之炭,不可逼视,如半圆状。圆球微微跳动,渐大则渐亮,顷刻则不可逼视矣。

由观日峰下至南天门上吃早餐。下望白云片片,河流、城镇如带如"洋片"。其余诸山匍匐于下，直不成山形。真所谓一览众山小矣。循南天门石级下，遇学生大队。至五大夫松稍息，由二虎庙叉路经黑龙潭。越二山头始至，沿路涧声四起，大有九溪十八涧之风。黑龙潭水并不大，但从石上流下而颇急。潭深莫测，由黑龙潭经普照寺返泰安。

少息即往泰庙一游。赴齐鲁饭庄吃饭，饱餐泰安三美——豆腐、白菜、水。

八时开车，十一时到济。疲极矣。

从这段日记可以看出，虽然季羡林没能看到泰山日出那一瞬间的绝佳美景，但这如画卷般的崇山红日、云海霞光的景象依然给季羡林留下了很深刻的印象，以至于在事隔半个世纪之后创作《火车上观日出》，依然能回忆起当年泰山日出的情景。下山路上一路俯瞰河流城镇与周边诸山，更让季羡林对诗圣杜甫"一览众山小"的诗句有了深刻的体悟。从上文《登庐山》所引可见，这一次与泰山的初见，所有的点点滴滴加在一起，让季羡林形成了一个对于泰山的基本印象：雄伟。

季羡林一生中曾多次登泰山，但大多不见于文字记述，唯独第一次登泰山，在日记中写了不短的篇幅，多年之后的文章中也屡有回忆。其中的原因，或许并不仅因为这是第一次，还与季羡林当时的生活环境和心理状态有关。1934 年夏，季羡林大学毕业，前路茫茫之际，得到了母校山东济南高中一份国文教员的职位。此时的季羡林走出学校，初入职场，正处在适应期的阶段。教书育人方面，季羡林自然在能力范围内做到了最好，但是涉及社会活动和台前业务，帮助给自己提供就职机会的校长组建嫡系班底，乃至陪校长夫人打麻将，季羡林却是做不到的。学校里较为纯粹的读书治学和社会上的迎来送往形成了明显的反差。而瞻望前途，一辈子高中教员的未来，庸庸碌碌，一事无成，早年出国留学的梦想离自己越来越远，也令季羡林感到渺茫和不甘心。家庭方面更是贫病交加，母亲已经去世，与叔父和婶母之间的隔阂，以及缺乏感情基础的婚姻，让家庭无法成为季羡林安身立命和抚慰心灵的场所，平时住在学校，只在周末回家一次。但即便如此，季羡林依然承担着充当这个濒临破产的家庭经济顶梁柱的责任。这一切都让季羡林感到极端苦闷和难以忍耐。在季羡林大学毕业到出国留学前这段时间的日记中，频频可见类似"我家来听到的没有别的，只是——贫与病""家里真是地狱""什么时候才能过完这样的生活呢""这样下去岂不就堕落了么""生活单调如故"这样流露出低沉消极情绪的句子。与清华园日记以及留德时期的日记相比，季羡林高中教员这一年的日记也明显呈现出篇幅缩短、有的甚至只有一两行的情况。究其原因，不外乎生活缺乏值得记录的东西，以及自己缺乏记录生活的心情。因此，关于泰山之行的两天日记在这一段时期就分外显眼。这两篇日记篇幅较长，笔调昂扬，描写鲜明，反映出季羡林在这两天泰山之行中的独特精神风貌，可以称之为季羡林高中教员期间日记的最强音。泰山本身崇高、博大、壮丽、雄伟的审美风格也有助于季羡林开阔自己的心胸，提升自己的精神境界，暂时忘却人世的烦恼。如果将季羡林高中教员这一年比作漫漫长夜的话，那么其中的亮色自然会让人印象深刻。季羡林在半个多世纪之后依然屡次回忆起这次泰山之行，也就是十分自然的事情了。

晚年的季羡林多次在口述和访谈中，毫不掩饰自己对泰山的欣赏，甚至认为世界上没有哪座山能和泰山相比，因为泰山有着博大精深的文化内涵。

一方面，季羡林先生对泰山的推崇是漫漫学术道路上不倦求索追寻终极的体现。季羡林曾三辞桂冠，其中一辞就是辞"学界泰斗"。在文章中季羡林写道："泰者，泰山也；斗者，北斗也。两者都被认为是至高无上的东西。"季羡林认为自己在学术上的成果还不足以达到泰山北斗这样的地步，这正说明在他的心目中，全身心投入学术，做出像泰山一样博大坚实、永垂后世的学术成果，是人生的永恒追求。著名学者饶宗颐对季羡林有这样的评价："他具有褒衣博带从容不迫的齐鲁风格和涵盖气象，从来不矜奇、不炫博，脚踏实地。"可见季羡林本身实事求是、严谨治学、兼备广博与专深的学术气质与泰山高峻而又雄伟、壮阔而又朴实的美学风格是很接近的。季羡林自己在学术道路上的追求是永不满足、埋头向前的，但是在旁人的眼中，他早已成了一座"泰山"。

另一方面，季羡林对泰山的推崇来自他对东方文化的深刻认识和国家民族的深切热爱。泰山体现了中华民族的传统文化，在东方文明史上占有重要地位，具有独特的历史文化价值。"登泰山而小天下"，泰山代表了中华民族勤奋进取、自强不息的民族精神，同时也是文化上沟通"天人之际"的重要象征。泰山的"泰"不仅有高大的意思，也有天地交泰、国泰明安的意思。不论是历代帝王的泰山封禅，还是文人墨客的登临览胜，抑或是平民百姓的朴素祈愿，其中都体现了东方文化综合的思维方式以及"天人合一"的重要思想。而这正是季羡林晚年频繁强调的文化观点。泰山是"天人合一"的象征，体现了人与自然和谐相处的可持续观念，因此季羡林曾为泰山留下这样的题词："泰山是中华瑰宝，泰山文化是中华文化的重要组成部分。"

当我们明白了泰山在学术气质和文化象征这两方面的意义之后，再回过头来看1934年10月季羡林先生第一次登泰山的日记，或许会有一些别样的感受吧！

季羡林本科毕业论文考证

叶 新[*]

季羡林先生是德国著名诗人荷尔德林（Johann Christian Friedrich Hölderlin，1770—1843）的早期译介者之一，他译之为"薛德林"。在《季羡林文集》（江西教育出版社 1996 版）第十三卷收入了两篇相关文章，一篇是《近代德国大诗人薛德林早期诗的研究》，文后有季羡林写于 1934 年 8 月 4 日的"后记"；另一篇是《现代才被发见了的天才——德意志诗人薛德林》，文后标明写作日期是 1934 年。在后者的"跋"中，季羡林先生开头就提到"这是我 61 年前清华大学的学士论文，原名 The Early Poems of Hölderlin，是用英文写成的"。2009 年，外语教学与研究出版社再版了《季羡林文集》，这两篇文章收入第七卷《杂文及其他一》，内容基本不变。

既然季羡林本人作如是说，那么《现代才被发见了的天才——德意志诗人薛德林》应该就是从季羡林的本科毕业论文翻译而来。但是，从题目来看，《近代德国大诗人薛德林早期诗的研究》的内容则与 The Early Poems of Hölderlin 更为类似，其"后记"中还提到，"我曾在《清

---

[*] 叶新，北京印刷学院教授。

华周刊》上写过一篇关于他的文章，对他的生平、他的天才被发现的经过、他的诗都粗略地谈了谈"，与前者的题目和内容极其相似。

笔者由此产生一些疑问，季羡林先生的相关回忆是否存在着错误之处，他的本科毕业论文指导老师是谁？毕业论文到底是哪一篇？他发表了哪些关于荷尔德林的译介文章？在此，笔者试图就季羡林本人的多处回忆、《清华园日记》（以下简称"日记"，外语教育与研究出版社2009年版）等相关史料考证之，以求教于方家。

一、本科毕业论文指导老师的考证

季羡林先生乃长寿之人，晚年写了不少回忆文章和单本回忆录，98岁高龄还在山东大学蔡德贵教授的协助下做了《大国学：季羡林口述史》。在这些著述中，有多处关于他大学生活及写作生涯的回忆。而在这些回忆中，关于他的毕业论文指导老师的说法各异，总结起来有三种。

第一种说法：艾克教授。

1. 季羡林先生《在清华大学西洋文学系》一文中回忆说：

> 下面介绍两位德国教授，第一位是石坦安，讲授第三年德语。不知道他的专长何在，只是教书非常认真，颇得学生的喜爱。此外我对他便一无所知了。第二位是艾克，字锷风。他算是我的业师，他教我第四年德文，并指导我的学士论文……我在上面提到过，我的学士论文是在艾锷风老师指导下写成的，是用英文写的，题目是 *The Early Poems of F. Hölderlin*。英文原稿已经遗失，只保留下来了一份中文译文。一看这题目，就能知道是受到了艾先生的影响。

2. 他在《我和外国文学的不解之缘》一文中回忆说：

　　我是德文专门化的学生，从大一德文，一直念到大四德文，最后写论文还是用英文，题目是 The Early Poems of F. Hölderlin，指导教师是艾克。内容已经记不清楚，大概水平是不高的。

3. 他 1997 年接受巫新华博士的采访，在《水木清华》中回忆说：

　　我的学士论文是 The Early Poems of F. Hölderlin，教授是 Ecke（艾克）。

4. 他在《清华园日记》的《我的老师们》中说：

　　艾克（Ecke）德国人，讲授"第二年德文""第四年德文"。他在德国大学中学的大概是"艺术史"。研究明清家具，著有《中国宝塔》一书，他指导我写学士论文 The Early Poems of Hölderlin。

从这四处记述我们可以得知，他的毕业论文指导老师是艾克教授。艾克还讲授"第二年德文""第四年德文"两门课程，而石坦安教授只是讲授"第三年德文"。但据笔者的推断，季羡林的回忆有误，从《清华园日记》来看，艾克讲授的是"第三年德文"课程。

第二种说法：先是艾克，后是石坦安。

他在《德文教师艾克》一文中回忆说：

　　开始艾克是（我的）学士论文的指导教师，后来艾克工作满五年离开岗位（带工资休假），到英国去了。谁来代替他呢？就是石坦安。这个石坦安呢，作风跟艾克不一样。

艾克喜欢 Hölderlin（荷尔德林），所以我的论文就是用英文写的，*The Early Poems of Hölderlin*，《荷尔德林的早期诗歌》，为什么是"早期"呢，那时候我的德文也不行，"早期"啊，就是把他年轻时候的诗啊，勉勉强强看上几遍。看荷尔德林的早期诗歌，是看德文版的，写论文是用英文写。德文的东西看行。

从这里可以看出，季羡林的毕业论文指导老师先是艾克教授，因为艾克工作满五年休学术假，去了英国。因此石坦安教授接替他继续指导季羡林的毕业论文。

第三种说法：石坦安。

2009 年 2 月 21 日，季羡林先生在接受蔡德贵采访时口述说：

蔡德贵：你是艾克最好的学生了，毕业论文也是他指导的。

季羡林：毕业论文不是他了，是石坦安。因为那个艾克到哪里去了？

蔡德贵：可是您日记里提到的是艾克啊。

季羡林：最初名字是艾克，后来他不在，不知道他到哪里去了，是石坦安指导的。

蔡德贵：您的毕业论文薛德林是受艾克影响的。

季羡林：薛德林是艾克的，他喜欢薛德林。不知道他哪去了，后来他反正不在。

蔡德贵：那是不是济南以后就走了，换石坦安了。

季羡林：嗯。

在这里我们可以看到，季羡林说他的毕业论文指导老师是石坦安教授,不是艾克教授。但他承认,将薛德林作为毕业论文主题,是受了艾克的影响。

从这六处不同的回忆中,我们可得出的肯定的结论是:季羡林的毕业论文题目是 *The Early Poems of Hölderlin*,用英文写成。

关于毕业论文的指导老师,这三种说法各异,那么哪一种才是真实的呢?我们来看看季羡林先生在《清华园日记》中的记述。《清华园日记》是他在 1932 年到 1934 年也就是上清华大学西洋文学系大三、大四时期的日记,具体时间跨度是 1932 年 8 月 22 日至 1934 年 8 月 11 日。关于《清华园日记》的真实性,季羡林在 2002 年将日记交付出版时说,他希望"把原文照相影印,错别字无法改,漏掉的字无法填","目的是向读者献上一份真诚"。因此,其日记的可信度是毋庸置疑的,当时记述的可靠性远胜于后来的诸多回忆。

从《清华园日记》的记述来看,关于艾克最早的记载出现在 1932 年 9 月 12 日:"我还想旁听 Ecke 的 Greek 和杨丙辰的 Faust。"在本页下面关于"Ecke"的注解中,介绍他的全名是"古斯塔夫·艾克(Gustav Ecke)",1928 年至 1933 年任清华大学德语教授,其中提到"作者学士论文 *The Early Poems of Hölderlin* 指导老师"。

9 月 14 日是清华大学的开学典礼,午饭后就上课,但是这天的"日记"记载说"上德文而艾克不至"。艾克是"第三年德文"的任课教师,但是没来上课。第二天他去旁听艾克的"希腊语",又没来。直到 9 月 20 日,艾克才来上课,见当日的"日记"记载"德文艾克来了,决定用 Keller 的 Romeo und Julia auf dem Dorfe",因此"第三年德文"的课程教材选用的是瑞士德语作家戈特弗里德·凯勒的《乡村的罗密欧与朱丽叶》。

《清华园日记》关于艾克离开清华休学术年假之事,见 1933 年 8 月 23 日的"日记":

今天我同田德望合请艾克,地点是西北院,菜是东记作的,还不坏。

吃完了后,又同到合作社去喝柠檬水,同到注册部去解决三年德文考试问题。他大概这是最后一次来清华了。他预备下星期出国。

艾克与季羡林一起去清华大学注册部交上"第三年德文"的课程成绩单后,就离开了,因为下周就要出国。随后虽然还有关于艾克的记载,但再提到两人见面的记述则是 1934 年 8 月 1 日的"日记":"在艾克处吃了饭,谈了半天,他送我一张 Apollo 的相片,非常高兴。"这是艾克休假一年完毕回来的事情了。

而从 1932 年 9 月 20 日到 1933 年 8 月 23 日的"日记"中,却没有任何一条关于艾克指导季羡林毕业论文的记载。因此关于上述第一、第二种说法均有误,艾克从未指导过季羡林的毕业论文。

直到 1933 年 10 月 25 日的"日记"记载中才出现关于毕业论文的记载:"过午上 German Lyric,我已经决定了我的毕业论文题目——*The Early Poems of Hölderlin*,Steinen 也赞成,他答应下次给我带参考书。"

艾克走了以后,石坦安教授成了季羡林唯一的德语教授。而正是在石坦安的"德国抒情诗"(German Lyric)课上,季羡林定下了毕业论文的题目——*The Early Poems of Höderlin*,并得到指导教师石坦安教授的认可。因此,上述第三种说法才是正确的。

二、关于荷尔德林的毕业论文写作

季羡林将荷尔德林早期的诗作为毕业论文主题,最早的构思是在 1933 年 9 月 17 日,这天的日记写道:"读 Hölderlin 的诗,我想从头读起,每天不要贪多,但必了解,我想写一篇《薛德林早期的诗》。"

从日记内容可以看出,《薛德林早期的诗》和最终写成的毕业论文 The Early Poems of Höderlin 是基本对应的,但他并没有标明这是他要写的毕业论文题目。

从此以后,他继续研读和试译荷尔德林的诗作。比如同年 9 月 19 日的"日记"写道:"仍然读 Hölderlin 的诗,有一首 An einen Heide geschrieben 曲调回还往复,觉得很好。"9 月 21 日的"日记"写道:"仍然读 Hölderlin 的诗,单字觉得似乎少一点,几天的加油也究竟有了效果。"比如 9 月 24 日的"日记"写道:"晚上读 Hölderlin,渐渐觉得有趣了。"虽然他的德文基础还不够好,但是坚持不懈的研读也收到了一定的效果。

但是新学期的新课程又挤压了他的时间,季羡林在 9 月 27 日的"日记"中写道:"功课渐渐堆上来,于是头两天那种悠然读着关于 Hölderlin 的诗的文章,或 Hölderlin 的诗的心情,已经跑得无影无踪了,所以不得不把一天的时间分配一下——每晨读 Hölderlin 诗一小时。"

随后,季羡林因生母去世,回家奔丧,几乎一个月的日记未记,因此是否还在继续研读荷尔德林的诗作不得而知。而从 10 月 25 日的日记来看,他定下了毕业论文的题目——The Early Poems of Hölderlin,指导老师就是石坦安教授。

石坦安,全名 Diether vonden Steinen(狄特尔·冯·石坦安,1903—1954),德国人,德国柏林大学哲学博士,1929 年 9 月到清华大学任教,讲授拉丁文等课程。据季羡林的说法,"讲授'第三年德文',没有著作"。本来艾克教授在季羡林大四这一年要上"第四年德文",但是休假出国后就无法安排。因此外文系代理主任吴宓教授要用其他课程代替,见 1933 年 8 月 26 日的"日记":"访吴宓(晚饭后),他说 Steinen 将教 Faust 或其他 research course,可以代替四年德文,满意。"

实际上石坦安教授后来教的是"德国抒情诗"(German Lyric),其教学内容为季羡林的毕业论文提供了不少助力。

石坦安教授不仅肯定了季羡林的选择,而且给予必要的帮助,比如借参考书,答疑解惑等。比如同年11月1日的"日记"写道:

"下午上German Lyric 的时候,Steinen 给我指定了几本参考书,关于作Hölderlin 的论文的。他并且借给我了一本Max Kommerell 的DerDichterals Fuhrer,其中有讲到Hölderlin 的一节,据他说是论到Hölderlin 的顶好的文章。"

而11月8日的"日记"则说:"过午上德国抒情诗,问了Steinen 几个关于Hölderlin 的诗的问题,解答颇为满意。"11月15日的"日记"又说:"过午上German Lyric,问了Steinen 几个关于Hölderlin 的诗的问题。"

在指导季羡林写毕业论文这件事情上,石坦安教授还是比较认真负责的,乐于解答他提的任何问题,也有指导他的学术能力。

从1933年10月25日定题到1934年1月,他一直没有动手写作。一方面是课程的压力,另一方面当然是荷尔德林的诗并不那么好懂。比如1月27日的"日记"写道:"想到毕业论文就头痛。Hölderlin 的诗,我真喜欢,但大部分都看不懂,将来如何下笔作文。"而1月31日的"日记"又说:"的确有许多事情等我作,譬如论文,就是其一。但终日总仿佛游魂似的,东晃西晃,踏不下心读书。"从此可以看出,毕业论文的写作成了他的一个心病。

直到1934年3月5日,他才正式动笔写作,到3月27日写完,花了约三周时间。他在3月5日的"日记"写道:

开始作论文,真是"论"无可"论"。

晚上又作了一晚上,作了一半。听别人说,毕业论文最少要作二十页。说实话,我真写不了二十页,但又不能不勉为其难,只好硬着头皮干了。

20 页也就七八千字的篇幅,但对他是不小的难度。到 3 月 21 日,石坦安开始催交他的毕业论文,这一天的"日记"说:"Stein 要毕业论文,又须赶作交上,这种应制式的论文实在没有什么价值。我们大半对自己所选的题目没有什么话说。"这是季羡林自己选的题目,荷尔德林也是他喜欢的诗人,但要以此作毕业论文,就没法以乐趣来决定取舍了。

经过几天的奋战,连写带抄,毕业论文终于完工。季羡林在 3 月 27 日的"日记"中说:"论文终于抄完了。东拼西凑,七抄八抄,这就算是毕业论文。论文虽然当之有愧,毕业却真地毕业了。"

据季羡林的自述,该论文并不是用德文写成,而用的是英文,同时有中文本。因为没法比对中文译文,所以不知道发表了的文章是毕业论文的全部还是部分。篇名虽然带有"研究",但总体上感觉是单薄,按版面字数算,也就 5000 字不到,其中的许多诗作还不满行。而《现代才被发见了的天才——德意志诗人薛德林》总计有 12000 字之多,从写法和篇幅上看,倒更像是论文格式,被后人误为毕业论文也在情理之中。

这篇文章的一些内容也被后来的毕业论文所吸收,比如:

1796 年的夏,在他写给他的朋友瑙於弗的一封信上,他说:"我现在是在一个新的世界里,在另一方面,我可以相信,我知道美与善是什么。但是,我既然看到它们了,我只好对一切我的知觉发笑。亲爱的朋友!在世界上,真的有一个'生物'(Wesen),我的精神可以寄托在那里,多长时间也行。当面对着自然的时候,我又感觉到我们的思想和理解是真的幼稚呢。爱与崇高，柔静与生力，精神与感觉与外形，混合成了一个整一的人格，在这个'生物'里。"

而《近代德国大诗人薛德林早期诗的研究》的类似内容如下：

他写给一个朋友的信说："我现在是在一个新的世界里了，在世界上真地有这样一个生物，爱与崇高，贞静与生命，精神、灵魂与一切完美的外形都在这生物身上化成了一个整个的浑一。"

从引用的这两段话来看，后者是在前者基础上的删减和改译。而从论文内容看，以前平时积累的一些译文也用上了，比如《命运歌》等。1933 年 11 月 9 日的"日记"提到他应好友林庚的要求，重译了《命运歌》。从篇幅上看，《命运歌》的翻译及对命运的论述还不少。

为了毕业文凭而写作，季羡林也是心中有愧，但结果确是出乎意料。他自认为并不认真的毕业论文写作，最后得了个"优"。该论文并不是严格意义上的学术性写作，而是加上了他的"幻想力"。不过，他认为这是他学术研究生涯的"发轫"。

三、毕业论文的发表

1996 年，江西教育出版社首次出版了《季羡林文集》；2009 年，外语教学与研究出版社以此为基础修订出版了《季羡林全集》。其中前者的第十三卷和后者的第七卷都收入了两篇与荷尔德林相关的文章，即是前述的《近代德国大诗人薛德林早期诗的研究》和《现代才被发现了的天才——德意志诗人薛德林》，上面已经简述过其中的疑问。那到底哪一篇才是发表了的毕业论文呢？

这两篇文章是否相互搞错了：《近代德国大诗人薛德林早期诗的研究》是从毕业论文而来，而《现代才被发见了的天才——德意志诗人薛德林》则发表于《清华周刊》。但这又是季羡林先生偕其助手李铮亲自编选，并由该文集编委会审定出版的文集，怎么才能确定这是作者的一个错误呢？那只能从它们当初的发表情况入手了。

经查，《现代才被发见了的天才——德意志诗人薛德林》发表于《清华周刊》1933 年（第 39 卷）的第 5、第 6 合期上，而不是所谓的"1934 年"，不可能是来源于他的毕业论文，季羡林 1995 年 1 月 7 日写的"跋"有误。《近代德国大诗人薛德林早期诗的研究》发表于《文学评论》1934 年第 2 期，发行日期是 1934 年 10 月，与笔者在上文的推断吻合。

在论文的一开头，季羡林就把薛德林与歌德相比，认为在"在整个德国文学史上，只有两个诗人够得上称为伟大的：一个是几乎每个人都知道的歌德；一个是几乎没有人知道的薛德林（Hölderlin）"。"在精神上，薛德林也正补了歌德的缺陷。歌德只代表了德国文化的一半，倘若没有薛德林，这一半将终归成了一半，却出了薛德林，他们俩合起来把德国文化完成了。"在"后记"中，他意犹未尽，还说荷尔德林"他的彗星似的光芒立刻照澈人们的心，同歌德争德国最高文学的宝座。我们敢断言：将来的世界一定是薛德林的"。出于发现荷尔德林的狂喜，无限抬高他的文学地位、推动他在中国的译介成了季羡林的崇高使命。

在《文学评论》第二期的《文学评论社出版丛书预告》中，季羡林有三本图书在计划中，创作的一本即《因梦集》（散文集），翻译的两本，除了尼采的《查拉图斯特拉如是说》，还有荷尔德林的《奚陂里雍》，其介绍语如下："这是德国近代伟大抒情诗人薛德林早年作的一部最热情的小说，由专研究薛德林的学者译出，可为一件最痛快的事。"

《奚陂里雍》（*Hyperion*）今天一般译为《许佩里翁》或者《许培荣》。在《预告》的介绍中，季羡林俨然成了"专研究薛德林的学者"，不免夸大。当然翻译《奚陂里雍》也是他一直的追求。1933 年 7 月 9 日的"日记"如下："仿佛记得读 Hölderlin 的 *Hyperion*，就在这两天的一天开始的，而且还决心译它一下。"

1933 年 8 月 31 日的"日记"如下："我又想到自己的工作，下年一定最少要翻译两部书，一是 Hölderlin 的 *Hyperion*，一是 Thomas Mann 的 *Der Tod in Venedig*。"

1934 年 6 月 13 日的"日记"如下："我想今年暑假把 Hölderlin 的 *Hyperion* 这样一字字地细读一下。"

特别是 1933 年 8 月 31 日的"日记"与上述的《文学评论社出版丛书预告》有内在的联系，但包括《奚陂里雍》在内的三本书随后并没有出版。季羡林 1934 年夏天从清华大学毕业后，应聘山东省立高级中学讲授国文等，教学压力颇大，无法分心；另外离开北平浓厚的创作氛围，没有好友的就近激励，季羡林靠写作出人头地的想法也就淡了些，更别说 1935 年烦琐的出国事宜给他带来的困扰了。

从以上可以看出，既然在荷尔德林的译介上有这么好的开端，如果机缘巧合，季羡林会有更多的译介文章和译作问世，那么"荷尔德林专家"就名副其实了。

季羡林的荷尔德林早期译介研究

叶 新*

季羡林先生是德国著名诗人荷尔德林（Johann Christian Friedrich Hölderlin，1770—1843，他译之为"薛德林"）的早期译介者之一。《季羡林文集·第十三卷：序跋杂文及其他（一）》中收入了两篇相关文章，第一篇是《近代德国大诗人薛德林早期诗的研究》；另一篇是《现代才被发见了的天才——德意志诗人薛德林》。除此之外，还有一些零星的译作以及构思没有发表。这些雏形的学术成果主要是他在清华大学求学期间完成的。作为清华大学外语系德语专门化（德语专业）的一名学生，季羡林日后虽然没有走上德国文学研究的道路，但是凭借荷尔德林的译介奠定了以后卓越学术生涯的基础。

一、季羡林译介荷尔德林的肇始

说到季羡林译介荷尔德林的开端，首先要从他对这位德国诗人的兴趣讲起。1932 年 8 月 25 日的《清华园日记》（以下简称"日记"）记载

---

* 叶新，北京印刷学院教授。

"又读 Hölderlin 的 *Ein Wort über die Iliad*",第一次提到了荷尔德林及其作品《关于〈伊利亚特〉的几句话》。11月9日的"日记"则说"今天晚上写信到日本买 Hölderlin 的 Life",应该这是关于荷尔德林的一本传记,委托日本的丸善书店购买,11月9日丸善书店回信说书没有了。而他在11月14日的"日记"中说,在德国作家中,他喜欢荷尔德林这样的唯美派诗人。

11月22日的"日记"则提到焚烛夜读 "*Hölderlin's Leben*(《荷尔德林的生平》)"的感受:

> 刚才我焚烛读 Hölderlin——万籁俱寂,尘念全无,在摇曳的烛光中,一字字细读下去,真有白天万没有的乐趣。这还是第一次亲切地感到。以后我预备作的 Hölderlin 就打算全部在烛光里完成。每天在这时候读几页所喜欢读的书,将一天压迫全驱净了,然后再躺下大睡,这也是生平快事罢。

对他来说,阅读荷尔德林的作品是一大生平快事,有关的编译写作也随之提上了日程。同年12月26日的"日记"记载:

> 上德文时同 Ecke 谈到明年是 Hölderlin 的死后九十年纪念,我希望他能写点东西,我替他译成中文。他说,他不敢写 Hölderlin,因为 Hölderlin 是这样的崇高,他写也写不出,他介绍给我 Stefan George 的东西,说 Stein 那儿有。

1933年是荷尔德林逝世九十周年,原本季羡林想让他的"三年德文"老师艾克(Gustave Ecke)教授写一篇荷尔德林纪念文章,他来译成中文发表,但是艾克教授自认对荷尔德林"仰之弥高",不敢动笔。

因此，季羡林萌生了自己来写的念头。艾克教授还说石坦安（Vonden Steinen）教授有德国诗人格奥尔格（Stefan George）的《日与事》（Tageand Taten）这本书，对他写作有帮助，因此1933年2月23日的"日记"记载：

今天借到 Steinen 的 *Tageand Taten*，因为里面有篇文章讲到 Hölderlin。Steinen 说这篇文章非常难懂。借回来后就抄，因为他急着要还回去。

而季羡林在《现代才被发现了的天才——德意志诗人薛德林》提到了格奥尔格和他的《日与事》：

在他的一本论文集《日与事》（*Tageand Taten*）里面特别有一栏叫做"赞辞"（Lobreden），在这里面，他有一篇短文——短，真的，短得有点儿可怜了，然而比洋洋数千言的大文章，并没少说了什么。

格奥尔格的这篇短文加强了他对荷尔德林其人其作的理解。除此之外，他还从图书馆借了几本德国文学史以及其他一些著作。3月18日"日记"中"还想作我对于 Hölderlin 的认识"的记载，实际上和文章中第三部分的标题"我对他的认识"是十分对应的。

当然，写作这样一篇文章并不是容易的事情，见3月28日"日记"的记载：

明天放假，晚上颇觉得轻松，于是想到作 Hölderlin。抱着头硬想，只是想不出什么东西，外面也或者因为明天没课，人声、笑声似乎特别加多了——真讨厌。

　　拼命，在床上，想了一晚上，好歹想起了个头，但也不怎样满意。而今才知道作文章的难，作不出文章，心里终放不下，半夜里醒来，终于又点蜡写了一点。

这里记的是文章第一部分也就是"一个湮没的天才，又渐渐被人发现了"的写作情形。从1932年12月26日动念写作，都过去了4个月，文章还没有最后完成，不免让他着急。但是，德文原版的《荷尔德林全集》的意外到手大大加快了他的写作进度。

虽然1932年11月1日收到的日本丸善书店回信让他失望，但他并没有因此断了买荷尔德林作品的念想。1932年12月7日的"日记"记载：

　　决定买Hölderlin全集。下德文后，问Ecke，他说，Hellingrath和Seebass合辑的全集已绝版，但能买到Secondhand，晚上随写信到Max Nössler问是否可以代买。

荷尔德林在1843年去世后长期湮没无闻。1913年，诺伯特·冯·海林格拉特（Norbertvon Hellingrath，1888—1916）开始编辑出版《荷尔德林全集》（Hölderlins Samtliche Werke），他1916年死于"第一次世界大战"战场后，弗雷德里克·泽巴斯（Friedrich Seebass）和路德维希·冯·皮格诺特（Ludwigvon Pigenot）接手继续编辑，直到1923年才出版了6卷本的全集。《荷尔德林全集》的编辑出版，再加上德国大哲学家海德格尔的极力推崇，很快引发了德国乃至全世界的"荷尔德林热"，其声望也迅速传到中国。季羡林因艾克教授的介绍，才萌发了购买《荷尔德林全集》的愿望，马上写信让上海的璧恒公司（Max Nössler）代为向德国购买。

1933年2月11日回校之后，季羡林收到璧恒公司的信。见信之后，他的第一反应就是"我订Hölderlin准没有了。然而，不然，却有了"。他欣喜若狂——"我想跳，我想跑，我不知所措了。我不敢相信，我顶喜欢的诗人，而且又绝了版的，竟能买得到。我不知所以了。"荷尔德林是他"顶喜欢的诗人"，现在能买到他的全集，即使是二手书也让他欣喜若狂。

1933年4月1日，璧恒公司终于把《荷尔德林全集》寄到了，但是那天太晚了不能取，让他遗憾了一晚上。4月10日上德文课的时候，季羡林把《荷尔德林全集》拿给艾克教授看，后者大为高兴，对他说："你大概是中国第一人有这么一部书的。"他想："能有这么一部Hölderlin全集，也真算幸福。"

出于得到《荷尔德林全集》的狂喜，他还把它写到了他的一篇文章中。1934年2月6日的"日记"记载：

看Hölderlin的诗，一行也不了解，但也就看了下去，仿佛是淡淡的影子飘在面前，又仿佛什么也没有，但一旦意识到了的时候却的确在看书。

还有，我每次（只是这几天来）一坐下看Hölderlin，脑子就纷纷起来，回旋着想，想的总不外是要作一篇什么essay，什么题目，怎样作，往往对着书想几个钟头，多半没结果，时间也就这样过去了。

今天又是在这样情形之下，想到一个题目《回忆》，于是立时拿出笔来Sketch，文思汹涌，颇不坏，什么时候写成，却就不得而知了。

翻阅《清华园日记》，总有这样的印象，季羡林的散文往往是在干别的事情比如上课或者看书等的时候构思、写作而成的，是心有旁骛后的结果。《回忆》即是如此。这是他在宿舍里看《荷尔德林全集》，研读其诗作的时候有了灵感，到2月14日基本写成。不仅于此，季羡林还将眼前的《荷尔德林全集》写进了文章里：

在不经意的时候，我常把母亲的面影叠在茶杯上。把忘记在什么时候看见的一条长长的伸到水里去的小路叠在 Hölderlin 的全集上。把一树灿烂的海棠花叠在盛着花的土盆上。把大明湖里的塔影叠在桌上铺着的晶莹的清玻璃上。把晚秋黄昏的一天暮鸦叠在墙角的蜘蛛网上，把夏天里烈日下的火红的花团叠在窗外草地上半匐着的白雪上……然而，只要一经意，这些影子立刻又水纹似的幻化开去。同了这茶杯的，这 Hölderlin 全集的，这土盆的，这清玻璃的，这蜘蛛网的，这白雪的，影子，跳入我的回忆里，在将来的不知什么时候，又要叠在另一些放在我眼前的东西上了。

该文发表在《清华周刊》1934年4月出版的第3、第4合期上。这也是荷尔德林的另一种译介传播方式吧。

到了20世纪90年代，季羡林在一篇文章中回忆说自己"仍然节约出一个月的饭费，到东交民巷一个德国书店订购了一部德国诗人薛德林的全集"，订书的地方是"东交民巷一个德国书店"，这是老来回忆之误，因为《清华园日记》到2002年才整理出版。不过，"这是我手边最珍贵的东西，爱之如心头肉"这句话倒是不假。

《荷尔德林全集》成了他写作的重要参考书。在后来写成的文章《现代才被发现了的天才——德意志诗人薛德林》中，季羡林认为在荷尔德林这么一位大诗人从湮没无闻到重新发现的过程中，除了格奥尔格之外，前期主要是威廉·狄尔泰（Wilhelm Dilthey）的推动，在他的《体验与创造》（*Das Erlebnisunddie Dichtung*）中，写有《荷尔德林》的专文，将荷尔德林与莱辛、歌德、诺瓦利斯等大诗人并列，其贡献在于"重新估定了薛德林的价值"。但狄尔泰见到的荷尔德林作品并不全，在他死后，又有许多荷尔德林的手稿和书信继续被发现。接下来他高度评价了海林格拉特和泽巴斯两位编者的贡献：

> 这些手稿和书信的发现，是何林葛拉斯（Hellingrath）和纪拔斯（Seebass）的努力，因为喜爱了他的诗，便着手去搜集，这自然是很偶然的事，但是，就因了这"偶然"，我们却能够多读了许多他的诗，我们是幸福的，他们俩对薛德林自然不能不了解，但了解也不深，他们的价值就在作品的发现的本身，因为每个天才的发见，第一步总是搜罗遗著和手稿，以后才能谈到其他，"每个开始，都是难的"，他们就担任了这艰难的开始，而且很令人满意地担任下来，我们怎能不感谢他们呢？

这两位编者的最大贡献就在于搜集荷尔德林的手稿和书信，编辑了《荷尔德林全集》，使得包括格奥尔格在内的后来人能够进一步了解和研究这位德国大诗人。

《荷尔德林全集》不仅是季羡林写作的重要参考来源，也成了他写作的强大动力。我们来看他1933年4月3日到11日的"日记"：

4月3日：一天都在作 Hölderlin。限今天作完他的 life。

4月4日：限今天作完我对他的认识。果然——没作完，然而终究也差不多。

4月5日：早晨把文章作完了。

4月6日：开始抄 Hölderlin，抄比作还费劲。埋头抄了一天，还不到一半，真悲观。

4月8日：今天才抄完。

4月11日：晚上 Hölderlin 稿子送了来校对，德文居然排得不很错，也真不容易——当初写文章的时候，看着，不如说觉着，还不坏。抄的时候，我觉得有点儿坏了，这次校稿，简直觉得坏得不可救药，我真就这样泄气吗？

经过前三个月的长期酝酿，他在短短的6天之内写完了《现代才被发见了的天才——德意志诗人薛德林》这篇12000余字长文的写作和誊抄，完成文章的第二部分（"他的生平"）、第三部分（"我对他的认识"）用了3天，抄写用了3天，另外校对用了1天，不可谓不快。

该文很快就刊登在《清华周刊》1933年（第39卷）第5、第6合期上，4月19日出刊。他的好友李长之1933年2月开始担任《清华周刊》文艺栏主编，就向他约稿。第二天，季羡林马上投了一篇译文《代替一篇春歌》，3月18日刊登，这是他第一次在《清华周刊》上发表文字。

"第5、第6合期"是李长之主编的《清华周刊》"文艺专号"。他不仅刊登了季羡林的《现代才被发见了的天才——德意志诗人薛德林》，自己还翻译了荷尔德林的《大橡颂歌》，署名"梁直"。在4月8日作的《大橡颂歌》前记中，提到了翻译这首诗的缘由，其中说道：

当时因为喜欢这诗，便情不自禁的译了出来。用白话译了一遍，又用文言译了一遍。现在羡林兄作薛德林论文，怂恿我把诗附上，他说文言的好些，我也就略加修改，凑个热闹罢，说不定要大杀风景哩。

因此这首用文言体译写的《大橡颂歌》，是在季羡林的怂恿之下，配合他的论文而翻译的，页码接排在他的文章之后。这首诗季羡林也曾经翻译过，"日记"中提到过两次，1932 年 11 月 12 日的记述是：

早晨，把 Hölderlin 的 *DieEichbaume* 找出，想再译一遍，只译了两句，又住了。

1933 年 11 月 9 日的"日记"记载如下：

林庚找我替他译诗，我推了几次，推不开。今天过午，只好把以前译的稿拿出来修改修改。一个是《大橡歌》，根本不能修改；一个是《命运歌》，修改了半天，仍然不成东西——结果却仍然是头痛。

这里提到的"*DieEichbaume*"，季羡林译之为"《大橡歌》"，而李长之译之为"《大橡颂歌》"。在好友林庚的再三恳求之下，他修改以前翻译的《大橡歌》和《命运歌》，但结果并不让他满意，也就不可能拿出去发表。

1933 年 4 月 10 日，李长之为本期的出版写了"编校后记"，不仅提到自己翻译"《大橡颂歌》是种尝试"，还说道：

在论文中，介绍薛德林的一篇，作者是很费过事的，参考了不少的书籍。诗样的批评文，如轻快的梦，让我们在轻快的梦中和薛德林作为好友。全文讲生平的一节，和末后论了解薛德林的一节，似乎还少一种统摄的联系。——自然，这是指内容上的。

在此，李长之肯定了季羡林的写作努力，也指出了文章的缺点，那就是第二、第三部分之间缺乏"一种统摄的联系"。

这篇长文在《清华周刊》发表以后，极大地鼓舞了季羡林研读荷尔德林诗作的信心，奠定了以后将荷尔德林的早期诗篇作为毕业论文主题的基础。

由于拥有弥足珍贵、令人艳羡的《荷尔德林全集》，时不时看看或者翻译他的诗，又整天把荷尔德林挂在嘴上，季羡林也被他的同学和好友看作"荷尔德林专家"。1933年9月22日的"日记"记载：

> 一天把Hölderlin挂在嘴上，别人也就以Hölderlin专家看我，其实，自问对他毫无了解，诗不但没读了多少，而且所读过的大半都是生吞活剥，怎配谈他呢，真是内愧得很。

季羡林本人倒是对此有清醒的认识。不过，"薛德林专家"的称誉成了他继续研读和译介荷尔德林作品的动力，荷尔德林随之成了他毕业论文的研究主题。

二、关于荷尔德林的毕业论文写作及其发表

1. 毕业论文的写作

由于拥有中国独一份的《荷尔德林全集》，以及《现代才被发现了的天才——德意志诗人薛德林》的成功发表，此后的季羡林不断研读荷尔德林的作品，并将荷尔德林早期的诗作为毕业论文主题，见1933年10月25日的日记：

> 过午上German Lyric，我已经决定了我的毕业论文题目——

"*The Early Poems of Hölderlin*",Steinen 也赞成,他答应下次给我带参考书。

在石坦安教授的"德国抒情诗人"(German Lyric Poets)上,他定下了毕业论文的题目——《荷尔德林的早期诗歌》(*The Early Poems of Hölderlin*),指导老师就是石坦安。因为前期给他很大帮助的艾克教授已经出国开始为期一年的学术休假。石坦安教授不仅肯定了季羡林的选择,而且给予必要的帮助,比如出借参考书、答疑解惑等。在指导季羡林写毕业论文这件事情上,石坦安教授还是比较认真负责的,乐于解答他提的任何问题,也有指导他的学术研究能力。

从 1933 年 10 月 25 日定题到 1934 年 1 月,他一直没有动手写作。一方面是诸多课程的学习压力,另一方面当然是荷尔德林的诗本身并不那么好懂,毕业论文的写作成了他的一个较大的心病。

直到 1934 年 3 月 5 日,他才正式动笔写作,到 3 月 27 日写完,花了约三周时间。这是季羡林自己选的题目,荷尔德林也是他喜欢的诗人,但要以此做毕业论文,就没法以乐趣来决定取舍了。

经过几天的奋战,连写带抄,毕业论文终于完工。季羡林在 3 月 27 日的"日记"中说:"论文终于抄完了。东拼西凑,七抄八抄,这就算是毕业论文。论文虽然当之有愧,毕业却真地毕业了。"

为了文凭而写作,季羡林也是心中有愧,但结果却是出乎意料。他自认为并不认真的毕业论文写作,最后得了个"优(E, Excellent)"。在后来的回忆中,他也提到过他的这篇本科毕业论文:

现在回忆起来,我当时的德文水平不可能真正看懂荷尔德林的并不容易懂的诗句。当然要说一点都不懂,那也不是事实。反正是半懂半不懂,囫囵吞枣,参考了几部《德国文学史》,写成了这一篇论文，分数是 E（excellent，优）。我年轻时并不缺少幻想力，这是一篇幻想力加学术探讨写成的论文。……如果这就算学术研究的话，说它是"发轫"，也未尝不可。

按他的看法，该论文并不是严格意义上的学术性写作，而是加上了他的"幻想力"。不过，他也认为这是他学术研究生涯的"发轫"。不仅于此，包括毕业论文在内全部德文课程所得的"优"，使得他有幸得到了 1935 年去德国留学的机会。

2. 毕业论文的发表

《荷尔德林的早期诗歌》这篇毕业论文并不是用德文而是英文写成。此文作为《近代德国大诗人薛德林早期诗的研究》，1934 年 8 月 4 日改定和投稿，以中文形式发表于《文学评论》1934 年第 2 期，发行日期是同年的 10 月 1 日。

《文学评论》是李长之联合其老师杨丙辰教授主编的一份杂志，实际刊期为双月刊。1934 年 8 月 1 日出了第一期，10 月 1 日出了第二期就停刊了。作为该杂志的主编，李长之既编又写还译，而作为李长之的挚友兼文友，季羡林对《文学评论》的贡献甚大。他在该杂志的第一期刊登了《寂寞》一文，为第二期贡献了两篇文章，除了《近代德国大诗人薛德林早期诗的研究》，还有一篇《救救小品文》。

在《近代德国大诗人薛德林早期诗的研究》的一开头，季羡林就把薛德林与歌德相比，认为"在整个德国文学史上，只有两个诗人够得上称为伟大的：一个是几乎每个人都知道的歌德；一个是几乎没人知道的薛德林（Hölderlin）"。"在精神上，薛德林也正补了歌德的缺陷。歌德只代表了德国文化的一半，倘若没有薛德林，这一半将终归成了一半，但却出了薛德林，他们俩合起来把德国文化完成了。"

在该文的"后记"中，他意犹未尽，还说荷尔德林"他的彗星似的光芒立刻照澈人们的心，同歌德争德国最高文学的宝座。我们敢断言：将来的世界一定是薛德林的"。出于发现荷尔德林的狂喜，无限抬高他的文学地位、推动他在中国的译介成了季羡林的崇高使命。随后季羡林说道：

> 大概以后我还要写几篇关于他的文章，我这样说，并不是想去注册专利，或挂上薛德林专家的招牌，注册专利我没那样的兴趣，挂专家招牌我又哪里有那种勇气呢！我最大的愿望也不过是，使中国不知道德国有薛德林这样一个人的人知道德国有过这样一个人罢了，倘若读者能比这得到更多的东西，那是读者自己的福分，我连梦想也不敢梦想的了。

季羡林并不想就此挂上"荷尔德林专家"的招牌，只是想为荷尔德林在中国的译介多做些力所能及的工作，使中国读者对荷尔德林有更多的认知。好友李长之也希望继续为季羡林的相关译介提供出版的机会。

除了《文学评论》杂志外，李长之还创办了文学评论社，意欲出版文学评论等方面的书籍。在该杂志第二期上的《文学评论社出版丛书预告》中，他提到了 21 本书的出版预期，季羡林一人就占了 3 本。其中一本就是荷尔德林的小说《奚陂里雍》（*Hyperion*），其介绍语如下：

> 这是德国近代伟大抒情诗人薛德林早年作的一部最热情的小说，由专研究薛德林的学者译出，可为一件最痛快的事。

《奚陂里雍》今天一般译为《许佩里翁》或者《许培荣》。在李长之的介绍中，季羡林俨然成了"专研究薛德林的学者"，不免夸大。当然，翻译《许培荣》也是他一直的追求。比如 1933 年 8 月 31 日的"日记"如下：

> 我又想到自己的工作，下年一定最少要翻译两部书，一是 Hölderlin 的 *Hyperion*，一是 Thomas Mann 的 *Der Todin Venedig*。

而李长之希望以此大张旗鼓地出版预告来促进季羡林的翻译。但是 1934 年夏天从清华大学毕业后，季羡林应聘到山东省立高级中学担任教师，讲授并不擅长的国文等课程，教学压力颇大，无法分心，也缺乏清华园时期译介和创作的良好氛围，《许培荣》的翻译也就不了了之了。

从以上可以看出，既然在荷尔德林的译介上有这么良好的开端，如果机缘巧合的话，季羡林因由德国留学的便利，就会有更多的有关译文和译作问世，那么同学所称的"荷尔德林专家"就名副其实了。但是有了去德国留学的天时地利，荷尔德林反而淡出了他的关注视野，从这个角度来说不能不说是一种缺憾。

三、结语

1907 年王国维最早对荷尔德林进行译介之后，在 20 世纪二三十年代，以北京大学、清华大学的师生为核心，形成了包括卫礼贤、杨丙辰、艾克、石坦安、冯至、季羡林、李长之、杨业治在内的荷尔德林传播者群体。他们采取教学传播、报刊译介等方式，对荷尔德林在中国的早期译介做出了自己的贡献。

在这些人当中，季羡林虽然只正式发表了两篇文章，却是研究基础较为雄厚、学术冲动较强的一个。笔者认为，如果不是去德国哥廷根大学留学时转向了梵文、巴利文、吐火罗文的学习和研究，他一定能够在后来的荷尔德林译介中做出更大的成就。

参考文献

［1］季羡林：《清华园日记》，北京：外语教学与研究出版社 2009 年版。

［2］胡光利、姜永仁：《季羡林说：清华的那些事儿》，北京：金城出版社 2014 年版。

季羡林《清华园日记》写作特点略析

刘李莉 叶 新[*]

日记是非常常见的一种文体,因其覆盖了多样的文字样态而被归为"杂文学"。"日记"一词在国外出现得较早,但是最初出现时与现在"日记"的含义相距甚远。在国外,"日记"最早出现现在的含义大约是文艺复兴时期,国内则是在五四运动时期。而后,日记逐渐被大众所接受,人们通过记日记的方式来记录每天的所遇所思所想,是一种私密性的著述行为。

《清华园日记》中所收录的日记是季羡林在 1932 年 8 月 22 日至 1934 年 8 月 11 日所写,主要是为了记录自己在清华大学读书期间的生活。作者晚年时重读这段日记,认为它甚至要远胜于自己在晚年时所记的日记。他认为相比于晚年"仿佛记流水账似的"日记而言,在清华大学写的这本日记"比较生动、写的丰满",他解释这是因为年轻时自己心中无所顾忌,才能做到真正的畅所欲言,并坦言他在自己九十岁时爱上了自己二十几岁时写的日记。因此,作者选择将这本日记一字不改、原封不动地交给出版社公开出版。

---

[*] 刘李莉,时为北京印刷学院新闻出版学院研究生。叶新,北京印刷学院教授。

笔者之所以选择从《清华园日记》中分析青年季羡林记日记的特点，主要也是因为这本日记保留了它原本的样子，还原了青年季羡林的真实生活和感受，能够保证其研究结果的真实性和可信性。笔者通过仔细研读东方出版中心2018年8月出版的《清华园日记（全文校注版）》，在此基础上对其中所体现的有关青年季羡林记日记的特点进行了研究分析和总结归纳。

一、真实还原，解剖内心

日记最本质的属性是真实，但是随着日记文学的不断发展，日记不再仅仅指一种私密的著述行为，而是成为一种文学写作常用的文体体裁。笔者认为日记大致可以分为三大类：第一类是私密日记，这类日记直击作者灵魂，记载着作者最真实的想法；第二类是再创作的日记，这类日记可能本身就是有意创作，或者是出版前进行了润饰加工，它相比第一类日记而言缺乏真实性，但是从艺术性和文学性来看，较前者具有更高的阅读价值；第三类是虚构的日记，这是小说创作中经常会采用的一种文体体裁写法。

季羡林的这本《清华园日记》在写作之初并无出版意愿，写作之时也只为写给自己看，作者在出版之前虽曾考虑过是否需要修改，最终仍选择一字不改。所以，《清华园日记》当属于笔者所说的第一类日记。诚然，即使是私密日记，许多人在写日记时也未必能彻底地坦白内心。笔者之所以认为季羡林在《清华园日记》中真实还原、坦白自己，主要是有以下几个方面的依据。

首先，日记取材范围以自我为中心。纵观整本《清华园日记》，季羡林日记的取材内容都是围绕自身出发，分为客观和主观两方面。客观方面主要是衣食住行学，这方面每天记载的日记内容相对重复，内容范围仅涉及季羡林自己每日的活动行程，包括上课、考试、约见好友、生活琐事和读书翻译等。主观方面主要是个人情感和评价，季羡林的《清华园日记》与文学大师鲁迅的日记不同，鲁迅在日记中只记录生活琐事，从不记录政治评价和个人情感，而季羡林在日记中会原原本本记录自己的真实想法和评价，不会受到外界和他人的干扰。

其次，日记中对人物的评价真实坦率。日记是作者自己同自己的对话，在这种状态下，作者可以毫无顾忌地畅所欲言，在人物评价方面也缺少了曲意逢迎和俗话套话。季羡林的日记对人物的评价独具个性，无论是同班同学、身边好友还是成名作家，都是坦率直言。季羡林常称呼自己的一位同班同学为"王红豆"，"红豆"即"混蛋"的戏称。他在1932年9月8日的日记中说："在日记中，Herr 王脾气太神经质，注意的范围极小。Herr 施简直是劣根性，这种劣根性今天又大发作。""Herr 王"也就是"王红豆"，"Herr 施"即施闳诰，曾送给他一本他写的《诺贝尔文学奖金与历届获奖者》。

季羡林也常提到自己的好友李长之，对这位好友的评价可以说是对事不对人，会直接指出李长之的问题。如季羡林在1932年8月24日的日记中指出李长之"Prejudice（偏见）极大"，因为他认为长之对杨丙辰先生的态度显示出了明显的偏见；接着在8月26日两人就徐志摩去世及他在文坛的价值发表言论，季羡林仍然觉得长之带有个人偏见。

在《清华园日记》中，季羡林也提到了不少名家作品和演讲，他在1932年10月13日的日记中记录了一次胡适先生的演讲，在谈及听胡适演讲后的感受时，季羡林在日记中写道："说话太低，声音都好。但是，也许为时间所限。帽子太大，匆匆收束，反不成东西，而无系统。"在谈及胡适个人时，季羡林写道："我总觉得胡先生（大不敬！）浅薄，无论读他的文字，听他说话。"他承认胡适"眼光远大"，但是同时觉得他"思想常常不深刻"。从这些文字可以看出季羡林对胡适虽然敬重，但是敢于表达自己的真实想法。作为当时的小字辈，季羡林对已经颇具名气的胡适能有这种不畏权威的评价也是相当难得的。

再次，日记中对事件的态度尖锐坦白。青年季羡林面对不满之事都会直言不讳，在《清华园日记》中常见此类言论。季羡林对课程安排和老师授课都会发表言论，在日记中他常提到给他们教授"莎士比亚"课程的王文显先生，每次都会表达自己对着门课程的厌恶，如1932年12月13日他在日记中写道："上王文显的班真有相当的讨厌。把手都抄痛了。"此外，在谈论到考试时季羡林认为"无聊"，并且尖锐地指责"一些放屁胡诌的讲义硬要我们记"。除去对课程及老师的尖锐态度外，日记中对不少事件的态度也可以看出季羡林的坦白。如在1934年3月25日的日记中记录的有关巴金"《文学季刊》抽稿"的事件，季羡林清楚表明了自己对该事件的不满，这种不满是从个人角度出发的一种私人不满，言论十分符合二十几岁的年轻人独有的年轻气盛。

最后，日记中自我剖析十分深刻。日记除了是事件回忆录，也是自省录，不少人会在日记中记录下平时不敢说出口的事情，或者是袒露平时不敢承认的一面。季羡林在《清华园日记》中曾做过深刻的自我剖析，1933年8月9日，季羡林在日记中感慨自己的孤独，并且问自己"我的本性，不大肯同别人妥协，同时，我又怨着别人不同我接近，就这样矛盾吗"。这种对自己的怀疑暴露了内心的脆弱，正因如此，只能在日记里诉说。

笔者将以上四点归纳为真实还原、解剖内心，这是日记最本质的属性，却也是最难得的一点。这本《清华园日记》出版时季羡林已经是世人皆知的"国学大师"，可是他仍坚持原文出版，对此他解释说："我七十年前不是圣人，今天不是圣人，将来也不会成为圣人。"

二、几无漏记，持之以恒

日记最理想的状态是每日一记，但是现实情况往往会因为一些原因缺记漏记，能够真正做到每日一记的少之又少。《清华园日记》中所收录的日记从1932年8月21日开始，到1934年8月11日结束，中间除1933年9月28日至10月23日因自己母亲去世搁笔外，几乎从未中断。

季羡林虽从未中断过日记，但是他也会偶尔忘记，而后隔一天或者隔几天之后补记。笔者统计了《清华园日记》中补记的日记篇数，共有18篇。其中，有11篇是在日记后用括号注明补记日期，剩下7篇均是在日记开头第一句交代补记日期。通过观察补记日记的日期，可以清楚地发现补记日记集中在前半部分，尤其是刚开始写日记时常常遗忘，从1932年8月22日到9月16日这段时间，就已经补记了10篇日记，而在1933年5月后再无补记日记的记录。补记日记的行为是促使他养成每日一记这一习惯的重要原因，也可以从中看出季羡林对写日记的坚持和执着。此外，通过观察补记日记的字数，可以发现补记日记的字数不足百字，较前后日记的字数有明显减少，且日记的内容只记录过去一天的主要行踪，不再涉及其他。

季羡林每日都坚持写日记，但并非因为每日都有值得记录的事情。季羡林曾多次在日记表示无事可记，如1933年11月18日，季羡林在日记中写道："生活太刻板了。一写日记，总觉得没有什么东西可写。"甚至于到了1934年，日记中经常出现"无聊""枯燥"的字眼。在母亲去世后，季羡林的日记逐渐失去了前半部分的欢乐和洒脱，开始出现了苦闷和发牢骚。出现这样的情况，与母亲去世、时局动荡和毕业困惑都是离不开的。但是在作者自己都觉得毫无新意可记日记的时候，仍然坚持每日写日记,一方面与长期坚持养成的习惯有关,另一方面也与心中苦闷无处倾诉有关,日记成了他可以倾诉心事的地方,在《清华园日记》收录的后半部分日记中,季羡林描写内心感受的内容明显增加。季羡林在毫无可值得记录事件的情况下,依然坚持每天都记日记,也是因为这能缓解他因母亲去世和毕业焦虑带来的心理负担。

三、事无巨细,逐一记载

季羡林在 2002 年谈及出版《清华园日记》的想法时说:"今天研究清华大学的历史,有充足的档案资料,并无困难。但是,七十年前活的清华是什么样子,恐怕是非身历其境者难以说明白的。"正如季羡林所说,《清华园日记》若作为一本史料来研究,恐怕是不够的。但是由于季羡林在青年时期对日常生活事无巨细地记载,读者在看这本日记时可以跟随作者回顾 20 世纪 30 年代的清华园生活。

季羡林对待记日记表现出来的事无巨细的特点主要表现在两个方面:小事琐事的记录和记录事件的完整性。

笔者通读季羡林的《清华园日记》,发现日记主要涉及的方面包括学术方面、生活方面和娱乐方面,在这三个方面作者都有对于小事琐事的记录。

在学术方面,季羡林会记录他读书、翻译和写作的进度和思路。如季羡林在日记中记录了他写散文《老妇人》的过程,在 1934 年 3 月 30 日开始着笔写,一直到 4 月 1 日写完,之后几天每日看这篇散文都颇为满意。之后 5 月 12 日开始抄写《老妇人》,并在 5 月 24 日将《老妇人》更名为《母与子》投稿给《现代》杂志。季羡林每日对于这篇散文的记录并不多,但是会将这篇散文的每一点更改都细致地记录下来。

在生活方面,季羡林对小事琐事的记载主要体现在书信往来和账务的记录。季羡林的每次写信、寄信以及信中的内容都会记录在日记中。如 1932 年 9 月 2 日的日记中,季羡林记录来自上海璧恒公司的信,并记录了信中内容:"钱已收到,已向德国代订 Goethe(歌德),六星期可到。"此外,季羡林还习惯在日记记录账务,主要是钱财的借进、借出。如 1932 年 8 月 25 日在日记的最后一行记下"岷借去十元"。在日记中记录钱财往来很少见,但是本质上与记账没有区别,目的都是让自己清楚财务收入与开支。在娱乐方面,主要包括运动、约见好友和外出游玩等。季羡林在日记中会按照时间顺序交代自己一天的行动轨迹,细致到外出逛校园、睡午觉这种事也都有记录。

《清华园日记》虽然不是一本小说或者传记,但是季羡林每天的记载可以串联成一个完整的故事,这便是得益于他记录事件的完整性。其中,很明显的完整事件在日记中有很多,比如季羡林毕业论文思路的形成,从买《荷尔德林的生平》这本书开始,到最后确定写与荷尔德林相关的论文,以及毕业论文的写作和交稿等,均可在日记中找到记载。再比如,《文学评论》杂志创办的原因及全过程也都有记载,从《文学季刊》再版巴金抽掉了季羡林的稿件,到李长之等人决定重新创办自己的杂志,包括后期《文学评论》的发展都会记录。除此之外,还有许多时间都会完整记录。虽然私人日记的记录不会如史料书籍记录的那般完整,但是它以当事人的角度出发还原了当时的事件,其中还包括当事人当时的感受,其还原性和真实性是很难得的。

四、体裁混搭,长短不一

笔者曾在文章开篇提过,日记因其覆盖了多样的文字样态而被归为"杂文学",这其中就包括多样的文体体裁。季羡林的《清华园日记》中记录的内容类型多样,所以包含了叙事、议论、写景、抒情等不同种类的体裁。

在这本日记中,叙事是最主要的体裁,贯穿于整本日记,其他随意体裁穿插其中。在写日记时,出写景外,作者都采用了白描手法,平铺直叙,直抒胸臆,这也是日记中最常见的写作方式。在写景时,季羡林放弃了常用的日记写作手法,转而采用散文写作手法。日记中季羡林会记录外出游玩的内容,其中有大量的风景描写。

比如 1992 年 9 月 3 日晚上,他在清华园内"藤影荷声之馆"外等着见吴宓时,日记中写道:"坐荷池畔,听鱼跃声。绿叶亭亭,依稀可辨。星光共灯光,飘然似有诗意。"

再比如 1932 年 9 月 17 日的日记就是一篇绝好的"游香山记"。这一天,季羡林同好友一起去游香山,并在日记中记下了西山的风景。描写水泉院"清泉自石隙出,缓流而下,声潺潺",描写双清别墅"院内布置幽雅,水池一泓,白鹅游其中",描写水中石卵"衬以石子之五色,迷离恍惚,不知究为何色,颇形佳妙",诸如此类描写还有很多,不一而足。

总之,季羡林在《清华园日记》中的写景部分语句优美,用词精确,都似经细心推敲后下笔,不像"白描"体"流水账",倒可以归为艺术类散文。这种有意识的练笔,为他以后的散文写作打下了良好的基础。

《清华园日记》整本日记共有 682 篇日记,每篇日记字数不等,甚至可以说是相差甚远。其中,字数多的有近 1000 字,字数少的仅 2 个字,如 1933 年 6 月 22 日,仅有"又来"两个字。此外,整本日记中,很明显刚开始写日记时篇幅较长,越往后越不注重篇幅问题,日记记录只随心意。

除了这个大的趋势之外,笔者还观察到日记中有几段时期日记篇幅变化明显:

第一段时期是榆关失守后，北平局势变得紧张，具体日期是从1933年1月3日开始，由于时局动荡，季羡林回家小居，而后回学校上课也是每日显得忧心忡忡。这段时期大概持续了五个多月，这段时期虽然偶有较长篇幅的日记出现，但100字以下的日记占了绝大部分。

第二段时期是母亲去世后，日记篇幅每日相差不大，且相比之前的篇幅略有增长。具体日期是从1933年10月24日开始，从此日期往后持续很久，日记篇幅甚少变化。这段时期季羡林可能由于心中痛苦，而又不善表达，所以会大量依赖日记来缓解自己心中的苦楚。

第三段时期是临近毕业，作者由于忧心毕业后的去处，以及对现实社会的不满，每日的彷徨与不安让他减少了日记的记录。这段时期从1934年5月1日开始，一直持续到8月11日离开清华园回济南为止。

通过以上陈述，笔者认为青年季羡林记日记的特点主要有以上四点。其中，有的特点是记日记的普遍特点，笔者只从细节出发论述季羡林记日记是如何体现这些特点的，如真实还原、解剖内心等；还有一些特点是季羡林记日记独有的特点，笔者便从日记内容中归纳出这些特点，如题材混搭、长短不一等。

参考文献

[1] 季羡林：《清华园日记（全文校注版）》，叶新校注，上海：东方出版中心2018年版。

[2] 季羡林：《清华园日记》，沈阳：辽宁美术出版社2012年版。

[3] 钱念孙：《论日记和日记体文学》，载《学术界》，2002年第3期，第212—213页。

[4] 刘增杰：《论现代作家日记的文学史价值》，载《大庆师范学院学报》，

2009年第2期,第108—111页。

[5] 桑逢康:《现代作家日记研究——以胡适、鲁迅、郁达夫为例》,载《浙江师范大学学报(社会科学版)》,2002年第4期,第1—13页。

[6] 张高杰:《中国现代日记文学论略》,载《长春师范学院学报(人文社会科学版)》,2010年第2期。

从《清华园日记》看大学时代季羡林面临的多重逆境及其奋斗之路[*]

王京山[**]

《清华园日记》是季羡林于清华大学学习期间所写的日记,时间跨度为 1932 年 8 月 22 日至 1934 年 8 月 11 日。这是季羡林二十一到二十三岁之间的真实记录。季羡林在日记前面的引言中说,这些日记"写得丰满,比较生动,心中毫无顾忌,真正是畅所欲言"[①]。虽然"有时难免有披头散发之感,却有一种真情流贯其中,与那种峨冠博带式的文章迥异其趣。我爱上了这些粗糙但却自然无雕饰的东西。"为此,他决定一字不改,原样出影印版和排印版,"目的是向读者献上一份真诚"。这就为我们查考季羡林大学时代的生活提供了便利。

阅读季羡林的《清华园日记》,原本众人仰望的"学界泰斗""国学大师"不见了,取而代之的是一个满腔不平的青年学子,他抑郁、彷

---

[*] 本文为教育部课题"季羡林《清华园日记》和 20 世纪 30 年代大学教育研究"研究成果之一。

[**] 王京山,现为中国传媒大学传播研究院教授。

[①] 季羡林:《清华园日记(全文校注版)》,叶新校注,上海:东方出版中心 2018 年版,第 2 页。(注:除非单独标注,本文所引原文均出自季羡林《清华园日记》,故后文省略标注。)

徨、孤傲、寂寞、怨天尤人，甚至破口大骂，这都与我们今天的大学生有着相似的地方。在《清华园日记》里，季羡林面临着人生的各种逆境，他辛辛苦苦上下求索，小心翼翼寻找出路，成则睥睨天下，败则垂头丧气。虽然《清华园日记》缺了季羡林大学生活的前两年，但这并不妨碍我们探讨他大学时代的真实生活包括他面临的多重逆境。

一、大学时代季羡林面临的多重逆境

季羡林是以一个"学霸"的姿态投考清华的。当时季羡林挟高中三年六连冠的余威，离开山东来到北平，同时报考了北大和清华，又同时被两个学校录取。为了能够出国留学，季羡林选择了清华大学西洋文学系。在大学期间，季羡林面临着前途、事业和家庭生活的多重逆境，他郁郁寡欢，同时又困兽犹斗，不断寻找人生的出路。概言之，他的大学生活就是一代青年才俊在多重逆境中不断奋斗拼搏成长的历史。

1. 前途学业的逆境

季羡林来到清华，开始还是很有些洋洋得意的。毕竟，他能同时考取北大和清华，可以说是凤毛麟角了。更何况，当时的清华大学西洋文学系驰誉华夏，被认为是国内西洋文学系之翘楚。难怪当时的季羡林入了清华感觉"简直有腚上长尾巴的神气"。但是，现实很快让季羡林感觉失望了，他发现即使在清华大学西洋文学系这样国内一流的西洋文学系就读，也一样会面临诸多逆境。

（1）盛名难副的清华西洋文学系教授

首先让青年季羡林感到失望的，就是当时清华西洋文学系盛名之下其实难副。当时清华大学西洋文学系名为国内一流的西洋文学系，但细究其教授师资，却乏善可陈。

在季羡林的回忆中，清华大学西洋文学系闻名遐迩，却缺乏真正学富五车的教授。当时的系主任王文显、教授叶公超、杨丙辰等都没有什么学术著作或学术论文，有的只是"几个用英文写的剧本"，或"翻译过一些德国古典文学作品"。本系最有学问的吴宓教授也不过"擅长旧诗，出版有《吴宓诗集》。"而给他们讲授"大一国文"的中文系主任刘文典，一个学期只讲江淹的《别赋》和《恨赋》两篇文章。显然，他们的学识和任教态度都不能让青年季羡林敬服，更遑论崇拜。

本系聘请的外国教授也一样令人失望：温德（Winter）"没有写任何学术论文"，必莲（Bille）"不见任何研究成果"，石坦安（Vonden Steinen）、吴可读（Pollard Urquert）都"没有任何著作"。翟孟生（Jameson）"著有《欧洲文学史纲》一书，厚厚的一大本，既无新见解，错误又不少"。艾克（Ecke）"研究中国明清家具，著有《中国宝塔》一书"。整体来看，外国教授的学术水平不高。更有外国教授如华兰德（Holland）性情古怪，"患有迫害狂，上课就骂学生。学生成绩好了，她便怒不可遏，因为抓不到辫子骂人"。面对没有什么学术著作却担任教授的情况，季羡林认为"这在欧美大学中是无法想象的；在那里他们最高能得到助教，或者像德国的Lektor（外语讲师）。中国则一律教授之，此理殊不可解"。

正因为季羡林在清华西洋文学系没有看到令他敬服的专家教授，他对于这些教授十分不敬，甚至破口大骂："妈的，这些混蛋教授，不但不知道自己泄气，还整天考。不是你考，就是我考。考他娘的什么东西？"可以想象，在这样的认知和心境中，季羡林个人的自信心是何等的低落。

（2）平平淡淡的学业

大学时代季羡林并不信服本系的教授，"刷课"也就几乎成了家常便饭："我早晨有四堂课要上。但是我只上三堂，因为我实在有点累了。——被刷的是Winter［温德］。""过午英文又刷。""早晨四班，刷吴可读一班";"今天是上课的第一天,第一堂就是法文,我住在城里只好大刷"。"今天学校里照常上课,我却自动刷了。"……

对于同学季羡林也常有不满,"我的同屋陈兆祊君,这朋友我真不能交——没热情,没思想,死木头一块,没有生命力,丝毫也没有。……吕宝东更是混蛋一个,没人味。""我觉得我所认识的朋友够了解我的实在太少了。人们为什么一天戴着面具呢?我感觉到窒息。""我认识了什么叫朋友!什么东西。我以后一个鸟朋友也不要。我为什么不被人家看得起呢?"……

缺乏志同道合的良师益友,青年季羡林冷僻、孤傲,对于学习也不再是"学霸"式的迎难而上,而是得过且过起来:"过午考中世纪,一塌糊涂";"早晨法文考了一下,一塌糊涂";"过午中世纪考得倍儿坏,然而也没关系,总是过去了";"考古代文学,大抄一阵。考文学批评,颇坐蜡,但也对付上了";"过午考 criticism,没怎样看书,头就痛起来,考题非常讨厌,苦坐两小时,而答的仍很少,又不满意——管他娘,反正考完了。"……

在这样的学习状态下,其学习成绩也并非"一枝独秀"。据季羡林研究专家叶新教授考证,季羡林在大学时代并不是一个"大学霸"。当时清华大学的成绩分为从高到低分为五等:E(超)、S(上)、N(中)、I(下)、F(末),而季羡林的毕业成绩单里"N(中)"所占的比例最高。[①] 所以,季羡林的大学学业较为平淡,偶有亮点。至于学习成绩,最突出的是四年德语成绩都是"E(超)",这成为他毕业后能够去德国留学最有力的评判依据。

(3) 毕业即失业的残酷现实

虽然季羡林就读的是国内一流的西洋文学系,但还是难逃"毕业即

---

① 刘蕊、谷素梅:《〈清华园日记〉再版还原更加真实的季羡林》,http://www.takungpao.com/culture/237147/2018/1029/196357.html(访问时间 2018 年 10 月 29 日)。

失业"的残酷现实。当时求职很不容易,"饭碗问题"是性命攸关的问题。季羡林大学期间主要靠叔父供养,学费和膳费等开支使家庭经济捉襟见肘。虽然有一些公费补助,但杯水车薪无济于事。对季羡林来说,他需要毕业后尽快谋职工作,以减轻家庭经济负担。故此在《清华园日记》开头,季羡林大学三年级伊始就为此大伤脑筋:"今年暑假回家,仿佛触到一点现实似的,一方又受了大千老兄(美国留学生)找职业碰壁的刺戟〔激〕,——忽然醒过来了,这一醒不打紧,却出了一身冷汗。我对学生生活起了反感,因为学生(生活)在学校里求不到学问,出了校门碰壁。我看了这些摇头摆尾的先生我真觉得可怜呵!"后来,随着时间的推移,他求职的焦虑日益加深:"又想到职业问题,实在有点讨厌。家里所要求的,和自己所期望<的>总弄不到一块,这也是矛盾吗?但却不能谐和。""忽然想到职业问题。好在脑子里盘旋。明年就要毕业,职业也真成问题。"

后来季羡林下定决心去德国留学,但决心一下,工作求职更显重要和迫切:"最近我一心想到德国,现在去当然不可能。我想作几年事积几千块钱,非去一趟住三四年不成……"形势是明摆着的,必须要"抢一只饭碗"。但是季羡林奔走无门,一筹莫展。求职问题也就成了季羡林大学期间必须面对的一大问题。

2. 家庭生活的逆境

季羡林的家庭生活并不温馨幸福,甚至使他倍感压抑。在1933年3月3日的日记中他写道:"家庭,论理应该是很甜蜜。然而我的家庭,不甜不蜜也罢,却只是我的负担。物质上,当然<没负担>了,灵魂上的负担却受不了。"通过《清华园日记》可以发现,季羡林面临着家庭生活的诸多不顺:

(1) 寄人篱下的窘境

季羡林成长的家庭环境十分特殊。他生父早亡,幼年同母亲在清平农村老家相依为命,直到六岁离开母亲来到济南,寄居于叔父季嗣诚家。从旁人看来,季羡林的叔父很好地履行了父亲的教养责任。因为叔父没有儿子,他对季羡林视同己出。季羡林在叔父家不但衣食无忧,更难得的是叔父极为关心季羡林的教育,使季羡林能接受良好的教育,直到季羡林清华大学毕业,后来又资助他出国留学。对于季羡林的外语学习,叔父更是十分重视,为季羡林考入清华西洋文学系打下了坚实的基础。叔父还帮助季羡林成家,为季家传宗接代不遗余力。没有叔父的支持,也就没有季羡林后来的巨大成就。对此,青年季羡林理智上是认可的。

但是,从感情上来说,叔父毕竟不是生父,那种距离感是无法消泯的。叔父带着季羡林离开了农村老家,也离开了母亲。季羡林从幼年开始就母子分离长久不能相聚,在叔父家中生活不能自主,让季羡林长期感觉寄人篱下,心情十分压抑。叔父家庭内部复杂的人际关系,让季羡林身心俱疲:"我近来对家庭感到十二分的烦恶,并不是昧良心的话。瞻望前途,不禁三叹。"他对许多事敢怒不敢言,只能从家庭逃避:"预定明天回北平。说实话,家庭实在没念念的必要与可能,但心里总仿佛要丢什么东西似的,惘惘地,有醉意。"这种寄人篱下诸事不能自主的窘境,很长时间季羡林都无法摆脱,甚至影响了他的家庭观念。

(2) 琴瑟不调的夫妻关系

季羡林是季家的独苗,为了传宗接代,他在到清华上大学之前已经结婚,妻子是大他四岁的济南女子彭德华。这是叔父之命、媒妁之言的典型包办婚姻。彭德华虽然贤良淑德,任劳任怨,但她并非季羡林的意中人,夫妻始终琴瑟不调,感情淡漠。在《清华园日记》的起始,季羡林就写道:"使我最不能忘的(永远不能忘的)是我的 H(彭德华),竟然(经过种种甜蜜的阶段)使我得到 der Schmerz(痛苦)的真味。"在这里,他对于妻子的不满意与不满足溢于言表。

1932 年 9 月 23 日，季羡林从家信中得知妻子怀孕的消息后，"我简直不知道是喜是悲。一方面我希望这不会是真的，一方面我又希望＜是真的＞。"1933 年 5 月 15 日，季羡林接到家信，得知女儿出生："第一即见到秋妹信，言家中尚不能寄钱，德华生一女。心颇急，精神靡颓。"这种矛盾心理，反映了季羡林对妻子的疏离隔膜。

夫妻感情淡漠，让青年季羡林深感爱的匮乏："我＜最＞近觉到很孤独。我需要人的爱，但是谁能爱我呢？我需要人的了解，但是谁能了解我呢？我仿佛站在辽阔的沙漠里，听不到一点人声。"没有爱情的婚姻，成为季羡林心中长久的遗憾。

（3）抱憾终身的母亲去世

季羡林幼年离开母亲寄居于叔父家，享受的母爱很少，使他对母亲十分依恋。季羡林离开母亲之后，有两次短暂的会面。他虽然愿意母子团聚共享天伦之乐，但寄人篱下的现实让他的想法无法实现。到清华上大学后，季羡林暗暗立下誓愿：一旦大学毕业，自己找到工作，立即迎养母亲。[①] 然而，"树欲静而风不止，子欲养而亲不待"，在季羡林大学尚未毕业之际，母亲突然去世。在母亲去世之前，母子已整整八年未见。这八年间，季羡林读完初中，上高中，停学一年，再读，娶妻，生女，高中毕业，上大学……如此漫长的时间，季羡林竟然没有抽出一些日子回家与母亲团聚。

母亲的去世对于季羡林是巨大的打击。在《清华园日记》中，母亲故去，季羡林还乡治丧，这一段时间没有日记。返回清华重新记日记，起初他不相信母亲已经去世："有时候，脑筋里仿佛一阵迷糊，我仍然不相信母亲真的死去了。""有时候，忽然一闪，仍然不相信母亲会死了

---

① 季羡林：《赋得永久的悔》，http：//www.rain8.com/article/class4/201412/22564.htm（访问时间：2014 年 12 月 24 日）。

(我写这日记的时候还有点疑惑呢)。她怎么就会死了呢？绝不会的，绝不会舍了我走了的。""不知为什么，我老不相信她是死了。她不会死的，绝不会！在这以前，我脑筋里从来没有她会死的概念。"

此后，季羡林对母亲的去世深感遗憾和痛苦："我同母亲八年没见面，她就会死了吗？我的心真痛。""晚上又想到母亲，又大哭失声，我真不了解，上天何以单给我这样的命运呢？我想到自杀。""最近心情很坏，想到过去，对不住母亲，对不住许多人。""我真不明了整八年在短短一生里占多长的时间，为什么竟一次也没家去看母亲呢？使她老人家含恨九泉，不能瞑目！呜呼，茫茫苍天，此恨何极？我哭了半夜，夜里失眠。""昨天又想到母亲，其实我时常想到的。我不能不哭，当想到母亲困苦艰难的一生，没能见她的儿子一面就死去了，天哪，为什么叫我有这样的命运呢？"

母亲的去世，是季羡林"永久的悔"。

二、大学时代季羡林面对逆境的奋斗之路

季羡林的大学时代并不太平，心中充溢着看不见出路的苦闷，国事家事也是一塌糊涂。季羡林意识到自己面临的重重逆境，诸事不如意，让他心里十分矛盾。在《清华园日记》中，他有时候颓唐抑郁，有时候随波逐流。但他毕竟是高中三年六连冠、曾被北大和清华同时录取的天之骄子，现在就读于国内最好的西洋文学系，自负的他面对逆境不会轻易认输的。他深信，经过自己的不懈努力，他一定会有一个光明的未来："理想不管怎样简单，只要肯干，就能成功，'干'能胜过一切困难，一切偏见"。但他又从哪里"干"起呢？

走投无路之际，还是中国传统的文人情怀在支撑着他：十年寒窗无人问，一举成名天下知。他要努力奋斗，博得功名再计较。那么他的

"功名"在哪里？就在顺利毕业拿到清华的文凭，甚至出国留洋"镀金"成为"洋翰林"，这样才能在社会上出人头地、光宗耀祖。为此，他决定选择脚踏实地的道路——认真读书、努力写文章，为未来的一举成名做扎实的准备。

1. 博览群书，学富五车

作为一个清华的大学生，首先是一个"读书人"。为此，季羡林认真读书，想努力成为一个学富五车的真正学者。在《清华园日记》中，阅读占据了青年季羡林的大部分学习时间。几乎每天他都要花几个小时阅读，他阅读的图书数量多且种类广泛。从日记中看出，季羡林大三、大四期间阅读的图书有近两百本之多，其中外文书籍一百多本，中文书籍六十本左右。[①] 由于他的专业是西洋文学，所以他的阅读可分为外国文学阅读（英文、德文、法文及中文译本）和中国文学阅读，其中又以前者为主后者为辅，分别作为课内阅读和课外阅读贯穿于整个大学的学习生活。

在外文阅读方面，季羡林阅读英文著作比较多。其英文阅读范围广、形式多样，包括经典小说和文学论著，如英国奥斯汀和莎士比亚的多数作品，歌德的《歌德全集》和卢梭的《忏悔录》以及一些意大利经典著作等。这是因为他从小学开始就学英语，英文水平相对比较高。而德语和法语作品的阅读量并不大，阅读的过程也比较困难。季羡林阅读的外国文学读本中还包括中文译本，如《浮士德》是郭沫若译本、《罗密欧与朱丽叶》由徐志摩翻译。

此外，季羡林在大学期间也十分重视中国文学作品的阅读，包括中国传统文学和现代文学阅读。古典文学作品既有如《红楼梦》《儒林外

[①] 毛银秀、王京山：《青年季羡林清华园读书记——〈清华园日记〉中季羡林阅读内容分析》，载《学园》，2016年第35期，第140—142页。

史》《诗经》等经典著作,也不乏稗官野史、奇闻异志类通俗文学作品,如《西游记》《东游记》《岭南逸史》和《北史演义》等。现代文学方面,鲁迅、郁达夫、丁玲、郭沫若、周作人等现代作家的作品都在他的阅读之列。

大学时的季羡林经济稍为宽裕时,为了专业学习和阅读的需要,在老师和同学的影响下,他也开始买书。《清华园日记》反映出季羡林很爱买书,几乎每次出去他都要买书。他还从国内外书店订购了不少外文书,其中不乏"善本"。在季羡林的诸多购书经历中,既有购得的欣喜,也有不得的烦恼,还有书多的作难。比如1933年初,日军逼近热河,榆关和山海关先后失守,清华园里人心惶惶,无心学习考试的学生纷纷离校。季羡林虽留守清华,却也在为他购买的诸多图书心神不宁:"我现在所挂心者只是这几本破书。以前只嫌少,现在又嫌多了。"

通过持续的阅读,青年季羡林受益匪浅。他在大学期间养成了良好的阅读习惯,为未来的学术研究打下了坚实的基础。坚持不懈的专业阅读,是一个学者脱颖而出的先决条件。① 同时,季羡林通过阅读发现了德国古典浪漫派诗人荷尔德林,确立了自己的人生目标和方向。荷尔德林作品的精神气质,暗合了季羡林的性格与情感。季羡林将荷尔德林的作品视为抚慰心灵的精神良药。在1932年11月22的日记中,季羡林曾写下"刚才我焚烛读 Hölderlin [荷尔德林]——万籁俱寂,尘念全无,在摇曳的烛光中,一字字读下去,真有白天万没有的乐趣……每天读几页所喜欢读的书,将一天的压迫驱净了"。季羡林将阅读荷尔德林的著作视为化解疲劳和压迫的解药,这也激发了他对荷尔德林作品的翻译和研究的热情。季羡林在大学期间翻译了多篇荷尔德林的诗歌等作品,并

---

① 毛银秀、王京山:《青年季羡林清华园读书记——〈清华园日记〉中季羡林阅读内容分析》,载《学园》2016年第35期,第140—142页。

将荷尔德林作为他本科毕业论文的选题。荷尔德林身上所散发的德国浪漫派特质吸引了他，也唤起了他心理上对这种精神的向往和渴望。正是对荷尔德林的喜爱，季羡林最终确定了留学德国的志愿。1934年6月13日，毕业前夕的季羡林曾在日记里写道："我今自誓：倘今生不能到德国去，死不瞑目。"这样，由于荷尔德林诗集的牵引，季羡林确立了留学德国的人生目标，最终实现了人生的飞跃。

2. 下笔千言，挥洒文章

为了成名成家，季羡林选择了中国传统文人的道路——以文章立身，通过写作发表文章实现"一举成名天下知"的理想。为此，他努力写作，收获颇丰：据叶新教授统计，季羡林大学期间总计发表文章27篇，其中译文4篇、书评10篇、散文9篇，论说文4篇。[①] 这样的成绩为他最终谋得了济南省立高中的教职。

季羡林很早就表现出写文章的天赋。他在中学时代就已经写作发表文章，后来走上学术研究道路后仍然保持了散文写作的习惯，成为学术大家后仍然笔耕不辍。用季羡林自己的话说，"我一生喜好舞笔弄墨，年届耄耋，仍乐此不疲。"[②] 回顾季羡林一生的散文写作成就，此言不虚。在大学时代，季羡林的文章写作尤其是散文创作步入了丰收的阶段，也逐渐形成了自己的风格。他由此收获了自信，也为未来的人生做了充分的准备。

大学时期的季羡林重拾写作，也有经济独立的考虑。季羡林开始散文写作时，好友李长之对他的帮助较多，二人亦师亦友。李长之激发了季羡林的创作欲望，季羡林很多时候写完一篇文章都会拿给他品评，李长之也

[①] 季羡林：《清华园日记（全文校注版）》，叶新校注，上海：东方出版中心2018年版，第254页。

[②] 季羡林：《忆往述怀》，西安：陕西师范大学出版社2008版，第163页。

总能给予极为中肯的建议。在1932年8月23日晚上，李长之告诉季羡林写作发表文章的经济重要性，他告诉季羡林："最好多作点东西卖钱，把经济权抓到自己手里。家庭之所以供给我们上学，也<不>过像做买卖似的。我们经济能独立，才可以脱离家庭的压迫。"季羡林对此深以为然。当时的情况，文章写作发表后稿费还是比较高的："《华北日报》稿费到，共二元八角。""吴宓的稿费发给了——我真想不到，竟能<有>十元大洋。""今天财运亨通。领到山东省津贴五十元，又领到稿费二元二角。""访毕树棠先生，谈了半天小说。领到了六元稿费。""接到《文艺月刊》的稿费通知单——七元。"如此丰厚的稿费，不但减轻了家庭的负担，甚至有时大大改善了季羡林的大学生活："今天我用所得的稿费请客——肥鸭一只。"可以说，对于经济独立的追求也是季羡林写作的动机之一。

在《清华园日记》中，季羡林的写作并非文思如泉涌，他常常苦恼自己写作的艰难："脑袋里乱七八糟地满是作文的题目，但是却一篇也写不出"，"在床上，想了一晚上，好歹想起了个头，但也不怎样满意。而今才知道作文章的难"。季羡林的创作经历了一个从写别人的东西到写自己的东西的过程，从翻译到书评，再到散文写作。散文才是季羡林大学里真正意义上的创作。他的散文写作起始于对已逝母亲的思念和忏悔，因此有了《心痛》；还有对童年趣事的回忆，如《兔子》；以及对自然景物的随感而发，如《黄昏》和《枸杞树》，等等。根据《清华园日记》及其他相关文献，《年》《黄昏》《寂寞》和《枸杞树》是其中比较出色的四篇，它们也是季羡林对自己当时的作品认可度较高的四篇。①

从《清华园日记》来看，季羡林大学时期的主要成就还是写作。通过写作，季羡林不但重拾了自信，充实了自己的大学生活，还为自己的

---

① 毛银秀、王京山：《〈清华园日记〉中季羡林的散文创作》，载《学园》，2016年第34期，第115—118页。

求职打下了基础。1934年夏天,季羡林即将大学毕业。济南省立高中校长宋还吾邀请季羡林到该校担任国文教员。其原因大致是季羡林发表过一些文章,被认为是文学家,而文学家都一定能教国文,这就是当时的逻辑。季羡林虽有犹豫,最终还是下定决心,返回母校担任高中的国文教员。一年以后,他离开母校赴德国留学,这也可以说是"无心插柳柳成荫"的收获吧。

就这样,季羡林通过读书写作确立了文人的生活方式,他又有了对未来的憧憬:"现在常浮现到我眼前的幻景是——我在社会上能抢到一只饭碗(不择手段)。我的书斋总得弄得像个样——Easy chairs[安乐椅],玻璃书橱子,成行的洋书,白天办公,晚上看书或翻译。我的书斋或者就在东屋,一面是叔父的。"至于自己的婚姻呢,他也打算马马虎虎拖延下去了:"婚姻问题,我以前觉得不可以马虎,现在又觉得可以马虎下去了。"《清华园日记》中的季羡林,是当时年轻人奋斗求索的一个样本。他身处逆境,但仍不忘努力奋发。他当时的人生经历、阅读方式、学习方法,对于今天的我们仍然有值得借鉴和思考的地方。

季羡林大学时代的作家梦

叶 新*

《清华园日记》既是季羡林对于自己清华园生活的记录,也是他对自己和周围人的创作生活的记录。从大四这一年的日记来看,虽然同是"清华四剑客",季羡林(1934年外文系毕业,是为"第六级")当时的状态,和吴组缃(1933年中文系毕业,是为"第五级")、林庚(1933年中文系毕业,是为"第五级")、李长之(1936年哲学系毕业,是为"第八级")还是不能比。林庚已经出过书,李长之发文很多,而吴组缃正在进行小说创作。

1933年9月18日,季羡林在日记中写下"卞之琳来,晚上陪他玩了会。林庚的诗集出版了,送了我一本"。

就这么两句话,信息量很大啊!说的是林庚刚刚出版了他的处女作诗集《夜》,集中收录了他1931年至1933年创作的自由体新诗43首。蒙清华大学中文系主任朱自清教授特许作为他的毕业论文,由外文系叶公超教授作为他的论文指导老师,出书前俞平伯教授作序,闻一多教授设计封面,由开明书店总代售,颇得文坛前辈提携,教授大咖们纷纷为

---

* 叶新,北京印刷学院教授。

之站台。

而在同一条日记中提到的卞之琳,在沈从文 30 元大洋的赞助下,早在 1933 年 5 月就出版了处女作诗集《三秋草》。季羡林在同年 8 月 14 日的日记中写道:

> 又会到卞之琳。对他的印象也极好。他不大说话,很不世故,而有点近于 shy(腼腆)。十足江苏才子风味,但不奢华。他送我一本他的诗集《三秋草》。在一般少年诗人中,他的诗我顶喜欢了。

难得的是,首版才区区 300 本,卞之琳就送了季羡林一本。而季羡林对卞之琳很是看好,"十足江苏才子风味,但不奢华",意思是有才华是好事,但如果"才华横溢"就不好,最好是低调而不奢华。难道他在这里暗指当时才华横溢、眼高于顶的钱锺书?在他日记中记录的琳琅满目的大学朋友圈中,这位"老钱",他正儿八经的外文系师兄,只出场过一次呢。既然江苏人成名只需靠才华,山东苦出身的季羡林只能靠勤奋了。

那为什么这段的开头有个"又"字呢,因为前面还有一段:

> 到北大访李洗岑,因为我常听长之谈到他,我想认识认识。他在家,谈话很诚恳,他能代表山东人好的方面。长之给我的关于他的印象是内向的、阴郁的,但我的印象却正相反。

李洗岑是谁?大名李广田是也,又名曦辰,与"洗岑"谐音,鼎鼎有名的"汉园三诗人"之一。他对这位山东同乡的印象是"谈话很诚恳,他能代表山东人好的方面"。而山东也有才子,不仅李广田,李长之也是。

你看，就在同一天里，季羡林由才子李长之陪同，不仅初次会到了另一才子卞之琳，和又一才子李广田也是初次见面，想想都激动啊！因此，他在这一天的日记的开头写道："今天是很可纪念的一天，最少对我。"对北平文坛而言，这也是很可纪念的一天呢！

与卞之琳这些才子见面，带给季羡林的不仅仅是激动，简直是刺激了。季羡林之前这一年，也就是读大三之年，也并不是没有发表过文章，但大多是编译，不是真正的创作。大三开学之初，季羡林的老师吴宓教授要和他的同班同学王岷源、施闳诰、武崇汉等帮他办《大公报》"文学副刊"，就是编译英美文学报刊上的文章，或者写当时新出书的书评。季羡林一开始还是挺有兴趣，在《文学副刊》上一共发表了9篇文章，先是编译欧美文坛消息，后来发表了创作程度更高的一些书评，特别是关于国内作者的书评，比如巴金的《家》等。渐渐地，他对远离新文学的"文学副刊"不满意甚至看不上了，想搞真正的创作。写诗、写小说，他没有才气，因此他想到了一个突破口，那就是小品文，也就是散文，洋名"essay"。

而在此时，对老气横秋的《文学副刊》不满意的还有吴宓的东家《大公报》，因此在1933年9月23日，新锐作家沈从文主编的《文艺副刊》创刊，马上受到季羡林高度关注。他在这一天的日记中写道："看到沈从文主编的《大公报·文艺副刊》，今天是第一次出版，有周作人、卞之琳的文章，还不坏。"颇有欣赏之意。这一期由周作人的《猪鹿狸》打头阵（署名"岂明"），然后是林徽音的《惟其是脆嫩》（署名"徽音"），接着是卞之琳的诗《倦》、杨振声的《乞雨》，殿后的是沈从文自己的《〈记丁玲女士〉跋》。没有大张旗鼓的发刊词，要的就是静悄悄的革命。

《文艺副刊》在一周中的周三、周六出版两次，而《文学副刊》一周才一次。前者对后者不是直接的替代，而是在并行中加以淘汰，《大公报》颇有"总把新桃换旧符"之意。果然到 1934 年初,《文学副刊》停刊了。

也许是对《文艺副刊》的向往,也许是受母亲突然去世的刺激,还有周围同学的文章发表成就所致,季羡林在 1933 年 11 月 12 日的日记中写道:

> 看到长之作的《梦想》,他把他自所希望的,梦想将来要作到的,都写了出来,各方面都有。我也想效一下颦,不知能作到不?我写的,恐怕很具体,我对长之这样说。是的,我真这样想。

在过了一个多月的 12 月 16 日,他在日记中又写道:

> 我老想我能在一年内出一本小品文集,自己印,仿《三秋草》的办法,纸也用同样的。我最近也老想到,自己非出名不行,我想专致力写小品文。因为,我觉得我这方面还有点才能(不说天才)。

季羡林的脑海里逐渐有了一个作家梦,他想仿照卞之琳的《三秋草》那样出书,不过出的不是诗集,而是散文集。这个梦给他带来了不断的痛苦,也可以是说是创作的阵痛。比如"久已想写的'心痛'到现在还没写,写文章就真的这样困难吗?"比如"幻想着怎样能写出几篇好的文章",等等。他在 11 月 25 日的日记中表明了他靠写作谋生甚至成名的宏大抱负:

> 我最近很想成一个作家,而且自信也能办得到。说起来原因很多。一方面我受长之的刺戟,一方面我也想先在国内培植起个人的名誉,在文坛上有点地位,然后再利用这地位到外国去,以翻译或

者创造，作经济上的来源。以前，我自己不相信，自己会写出好文章来。最近我却相信起来，尤其是在小品文方面。你说怪不？

他要做一个名利双收的作家，他相信自己有写作小品文的才气。他需要有所突破，来树立成功的信念。与拉拉杂杂写了一个多月的《心痛》不同，他的《枸杞树》一气呵成，从构思到写成只花了短短的三天时间。更高兴的是，他的"诤友"李长之看后不仅觉得"这篇还不坏"，而且自作主张，帮他投给了他一直向往的《文艺副刊》，而《文艺副刊》在12月27日和12月30日竟然发表了。这让他喜出望外，他在日记中写道：

今天《枸杞树》居然登了出来。不但没有不登，而且还登得极快。这真是想不到的事。而且居然还有几个人说这篇写的不坏，这更是想不到的事——我真有点飘飘然了。

不仅于此，李长之还说大名鼎鼎的沈从文很想认识他。季羡林以一篇《枸杞树》敲开了《文艺副刊》的大门，也替《文学副刊》敲响了丧钟。虽然它曾经是他一度看重的发表园地，但是他已志不在此了。季羡林在1934年1月1日写道：

前天听说《大公报》致函吴宓，说下年停办《文学副刊》。这真岂有此理。虽然我是《文副》一分子，但我始终认为《文副》不成东西。到现在，话又说回来，虽然我认为《文副》不成东西，大公报馆也不应这样办。这真是商人。

对《文学副刊》而言，这既是惋惜，更是告别。季羡林感觉文坛不再遥远，他发出了"文坛，我来了！"的呼声。同年1月6日，李长之主编的《文学季刊》创刊举行发布会，北平文艺界知名人士到了100多人，几乎"悉数全收"，季羡林在物理上一脚踏进了"文坛"。在这里，季羡林不仅见到了想认识自己、他更想认识的沈从文，还有巴金、靳以、沉樱、梁宗岱、刘半农、孙伏园、朱自清、台静农等。这些人都来给还是清华大二留级生的李长之捧场，可见北平文坛对他的看重，这是当时的季羡林无法企及的景象。

要想成为一个作家，必须像林庚、李长之那样得到前辈的提携。而提携季羡林的前辈说是吴宓也不是，因为路数不同，他不仅走外文系的路数，靠翻译吃饭，他更想走中文系的路子，靠创作成名。因此提携季羡林的是他又爱又恨的叶公超教授。

接下来，季羡林又陆陆续续写了《兔子》《年》《回忆》《黄昏》等。李长之或说好，或说不好，让他无所适从。他把《年》投给了上海的文艺杂志《现代》，结果退了回来，他在日记中发牢骚说："我并不太高兴，文章我总以为还是好文章。我只说编辑没眼。"

他人的评价或者报刊的发表是对作者努力的肯定。季羡林决定把文章发给叶公超先生看看，结果是叶公超先生约他面谈，并对他大加鼓励。他在1934年2月19日的日记中记录了他们师生见面的情景：

> 他喜欢"年"，因为，这写的不是小范围的Whim，而是扩大的意识。他希望我以后写文章仍然要朴实，要写扩大的意识、一般人的感觉。不要写个人的怪癖，描写早晨、黄昏。这是无聊的——他这一说，我的茅塞的确可以说是开了。我以前实在并没有把眼光放这样大。他可以说给我指出了路，而这路又是我愿意走的。还有，我自己喜欢"年"，而得不到别人的同意。几天来，我就为这苦恼着，现在居然得到了同意者，我是怎样喜欢呢？他叫我把"年"改

几个字,在《寰中》上发表。

叶公超先生给季羡林指出了小品文写作的路数:不要写小范围的怪想(Whim),要写扩大的意识,要引起一般人的共情,这让他茅塞顿开。《寰中》后来改成了《学文》,1934年5月1日创刊。创刊号上不仅有季羡林的《年》,还有林徽音的两篇名作,《九十九度中》和《你是人间的四月天:一句爱的赞颂》(此后林徽音改名"林徽因")。能与林徽因的名篇比邻,能在叶公超主编、林徽因设计封面的文艺杂志上发表文章,季羡林非常高兴,他认为:

《学文》封面清素,里面的印刷和文章也清素淡雅。总起来是一个清素的印象,我非常满意。在这种大吵大闹的国内的刊物〈里〉,《学文》仿佛鸡群之鹤,有一种清高的气概。

到1934年8月季羡林毕业离开清华园之前,他写的文章越来越多,发表的也越来越多,他的"作家梦"仿佛就要实现了。

1934年10月1日李长之创办的《文学评论》第一卷第2期上刊登了《文学评论社出版丛书预告》,即将出版的丛书分为"理论之部""文学史及评传之部""创作之部""名著翻译之部"四部分。

除了季羡林要翻译的《查拉图斯拉如是说》《奚陂里雍》(即荷尔德林的《许佩里翁》)被列入"名著翻译之部"外,他的散文集《因梦集》也赫然在列:

中国真够上散文家的,还不多见。作者的出现中国文坛,虽然是不久的事情,但他的不苟的态度,和明显的受自英国大散文家的影响,是很清楚地在那里显示着。他才是真有所谓"风格"的散文家，并不是文字写短了就是散文家的家可比。小品文，小品文，中国可有真正的小品文嘛。

这预告真有呼之欲出的感觉，虽然吹得天花乱坠。紧接其后的是林庚第二部诗集《春野与窗》的预告。随后《春野与窗》就出版了，可《因梦集》还不见踪影，季羡林在1935年1月6日的日记中懊恼地写道：

  接到林庚寄来的《春野与窗》，印刷纸张都非常好，我很羡慕，自己为什么不早把文章整理出一本书呢？今年春天无论怎样总要把《因梦集》出版了。

这固然与季羡林当时的状态有关，他在山东济南高级中学担任国文老师，忙于备课，家庭的干扰也是不可避免，写作上的懈怠是肯定的事情。但是他还是暗暗下定了决心。他在同月14日的日记中写道：

  昨天接到长之的信，说郑振铎替商务编文学研究会丛书，要替我出散文集，非常高兴，正愁自己不愿意印，当时就整理稿子，整理贴簿，弄了一晚上。今天又接着贴，贴完了，但一算才三万字，未免太少，决意年假写两篇补上。

不过此时李长之的《文学评论》早已停刊，他的庞大丛书出版计划也烟消云散。这里的"文学研究会丛书"即"文学研究会创作丛书"，郑振铎主编，由著名的商务印书馆出版。季羡林的心又动了，要趁着寒假想多写几篇，凑够要出版的字数。

在同年3月22日的日记中，季羡林写道：

昨天听洁民说郑振铎主编的文学研究会丛书的出书的预告已经见到了。我心里颇有所动。我想赶快写几篇文章，凑足一个集子，交给他印了出来。但近来又有作文，我只要改完了这批作文，就算得到自由了。

可是还没等他交稿，事情又有了新的变化。对年轻的季羡林来说，"出书梦""出国梦"，不知道是哪一个先来？清华大学准备派季羡林去德国留学，当年9月成行。要为留学筹款、办手续，要跟任教的学校辞职，要给他办的《山东民国日报》"留夷"副刊做交接，事情接踵而来。他的"作家梦"暂告一段落，《因梦集》的出版则要等到半个世纪以后了。他后来在序中提道：

记得是在1935年，在我出国之前，郑振铎先生写信给我，要把我已经写成的散文集成一个集子，编入他主编的一个什么丛书中。当时因为忙于办理出国手续，没有来得及编。出国以后，时事多变，因循未果，集子终于也没有能编成，只留下一个当时想好的名字：《因梦集》。

现在编散文集，忽然又想起此事。至于《因梦集》这个名字的来源，我现在有点说不清楚了。"因梦"这两个字，当时必有所本，可惜今天已忘得一干二净。虽然不确切了解这两个字什么意想，但我却喜欢这两个字，索性就把现在编在一起的解放前写的散文名为《因梦集》。让我五十年前的旧梦，现在再继续下去吧。

到了晚年，季羡林先生龙虫并雕，学术研究与散文创作并重，终于实现了大学时代的"作家梦"，坐实了作家的身份，这不能不说是跟当年努力打下的写作底子密切相关。

《清华园日记》中季羡林的散文创作

毛银秀　王京山*

　　《清华园日记》是季羡林先生青春岁月的印记，里面人物形象平凡，好似今天大学里的我们自己。然而，通读日记始末，不难发现真情流贯其间，即使是里面提到的散文创作动机，也都充满了浓浓的孤寂之情，原来一代大师终究也只是由肉体凡胎修炼而成的。在日记中，写作是季羡林大学生活中最为浓墨重彩的一笔，它为季羡林后来的出国留学和治学成就打下了坚实的基础。日记的后期，即季羡林在大四的时候，萌生了极强的创作欲望，他的多篇散文也是在这个时期产生的。

一、季羡林散文创作的基础

　　季羡林的散文创作可以说是他大学期间情感和文学素养积累到临界点的爆发。

　　所谓文由心生，优秀的散文离不开作者细腻的内心情感。季羡林从

---

* 毛银秀，时为北京印刷学院新闻出版学院研究院研究生。王京山，现为中国传媒大学传播研究院教授。

6岁起便被寄养在叔父家，淡薄的亲人关系使他从小便养成了敏感、孤僻的心理。在1933年10月，母亲的突然离世给他带来了巨大的悲痛和遗憾，在日记中他多次提到午夜梦回，悲痛不已，想要自杀。这时他的情感急需宣泄的端口，因此散文成了最好的倾诉方式，并且他创作的散文大多属于抽象并带有回忆色彩的文章。

此外，大学里的季羡林虽然生活清贫孤苦，却并不孤僻无为。在清华大学的前三年里，大量的阅读和勤于书评写作不仅填补了他孤寂的内心，而且还为他的散文创作打下了坚实的基础。通过《清华园日记》里提到的书目可知，他的阅读范围广泛，横贯中西，仅大三、大四两年时间里，季羡林大概就读了近两百本中外文学作品，创作的翻译和书品总数也多达几十篇。他甚至还梦想能拥有一间自己的书斋，大学期间即使生活拮据，他也尽其所能地从国内外购买喜爱的图书。

日记还记道，他喜欢德国作家荷尔德林。荷尔德林的作品整体上比较注重主观情感的抒发，流露出忧郁、孤独的情绪，反映出理想和现实之间的不可调和，这正照应了季羡林当时的内心情感，或许这也正是他热衷于荷尔德林作品的一个重要原因，因此他的散文的情感基调深受荷尔德林的影响，就连他的毕业论文最终也选定在荷尔德林早期诗集上。

还需指出的是，季羡林开始散文写作离不开师友的引导和帮助。从日记中我们还能发现，在大多课余时间，访友闲谈、阅读写作是季羡林的主要活动内容。他在闲谈中交流思想、开启创作，好友李长之对他的帮助较多，二人亦师亦友。李长之激发了季羡林的创作欲望，很多时候季羡林写完一篇文章都会拿给他品评，李长之也总能给予其极为中肯的建议。

从翻译到书评，再到散文写作，季羡林的创作经历了一个从写别人的东西到写自己的东西的过程，也因此，散文才是季羡林大学里真正意义上的创作。他的散文写作起始于对已逝母亲的思念和忏悔，因此有了

《心痛》；还有对童年趣事的回忆，如《兔子》；以及对自然景物的随感而发，如《黄昏》和《枸杞树》等。根据《清华园日记》及其他相关文献，《年》《黄昏》《寂寞》《枸杞树》是其中比较出色的 4 篇，它们也是季羡林对自己当时的作品认可度较高的 4 篇，一直到今天，文人们依然对这几篇散文赞声不断。

二、季羡林散文创作情况分析

那么季羡林到底是怎样开始散文创作的呢？其实，他自己曾在大学里写过一篇名为《我怎样写起文章来》的文章，该文真实地记述了季羡林那一段少年时代厚积薄发的写作历程，但后来丢失了。所幸的是，文章虽已遗失，但线索仍在，日记里有比较详细的记录。

《清华园日记》始于 1932 年 8 月 22 日。在大一、大二期间他也许发表过一些小作品，但从日记内容可以很容易地推断出，他真正意义上的创作应该始于 1933 年 12 月，作品以散文为主。而在此之前的三年里，他的作品应该只是些零零散散的文学批评和翻译，日记里有的几乎都一笔带过，所以无须多言。而 12 月以后，他的日记内容显然比之前更丰富和具体，心情描写也更加细腻，少了些愤懑抱怨，多了对创作的叙述。

《心痛》是他散文创作的开始，日记中详细记载了这一创作过程。1933 年 11 月，在文学批评的课上，他突然想到刚去世不久的母亲，当时悲痛剧烈，就像日记中所说"像一排连珠箭，刺痛我的心"，他想哭，甚至多次说到想要自杀。为寻求感情的解脱，于是他决定作《心痛》一文。虽然有浓烈的情感基础，但他这次的创作并不顺利，心痛时袭，落笔踟躇。最后，这篇文章终于在近 1 个月后的 1 堂课上完成。其实，除了开始比较拖延外，这篇文章对于他并不困难，文章一气呵成，心情舒畅，感觉良好，他甚至还幻想完成了一篇中国小品文的杰作。至于落笔踌躇，主要是因为他想要好好作文一篇，想要成为一名作家。在此之前，他要做的就是先在国内培植起个人的名誉，赢得文坛上的一席地位，然后再利用这地位出国留学，并以翻译或创作的方式获得经济上的来源。《心痛》是季羡林大学创作的一个真正的开始，而其写作动机则促使了他后面几篇优秀散文的诞生。只是《心痛》最后应该没有发表，日记没有明确记录，但提到李长之看完后的评价是"形式松而内容挤"等，虽然自我感觉良好，但似乎并没有得到周围人的认可。"在静静的长夜里，忽然醒了，残梦仍然压在我心头，我注视着这神秘的黑暗，我描绘给我自己……我做着天真的童话般的梦。"① 这是季羡林作的一篇颇有英国意识流作家伍尔夫风格的文章《枸杞树》里的段落，文字清新自然，充满了童稚般的幻想和对当时大学生活淡淡的迷茫。按照日记写作日期来看，季羡林是在构思《心痛》期间完成这篇《枸杞树》的，文章成文很快，于他而言，一切似乎来得太容易，以致他不敢相信它会是一篇好文章。后来，他把文章寄给学校老师沈从文，出乎意料，这篇文章仅时隔一天就被登载了出来，还得到了不少人的好评，沈从文甚至因此想要认识他，这让他颇有成就感，也更加激发了他写作的热情。之后，季羡林又写了《黄昏》一文，历时两个月后被《文艺月刊》刊登。

在1934年2月，季羡林的日记里出现了不少愤懑埋怨之词，主要原因在于他的散文《年》在寄往《现代》时碰了壁，文章被退回。"只怪编辑没眼"，他很自信，而且坚信自己的文章其实写得并不坏。不甘于这样的结果，他把《年》连同《枸杞树》和《兔子》一起拿给叶公超看。可喜的是，叶先生看了之后对这3篇文章都赞赏有加，还约他到家里面谈。此次面谈对于稚嫩的季羡林来说意义重大，有鸿蒙初开、醍醐

---

① 季羡林：《季羡林散文精选》，北京：当代中国出版社2008年版，第3页。

灌顶之效,除了让他把《年》修改几个字之外,叶先生还从写作思想上给予了极大的提点。他说他喜欢《年》,因为它写的"不是小范围的Whim,而是扩大的意识"①,他希望他以后写文章要朴实,要写扩大的意识,不要集中于个人的怪癖,譬如描写早晨、黄昏一类都是无聊的。此一说让季羡林茅塞顿开,备受鼓舞,之前的愤懑之情一扫而空,后来《年》也终于在《寰中》和《学问》上发表。不难看出,叶公超先生当时对身为学生的季羡林在写作上产生过很大的影响。

在《年》之后,是一篇描写幼年真事的文章——《兔子》。关于这篇文章日记所提不多,虽然写作过程充满着矛盾,但它的发表倒是没费多大周折。也许越是真实具体的事越难以描绘,季羡林写作《兔子》的每一阶段,他总是不满意,甚至成文以后誊抄时他还是感觉很勉强和苦闷。为弥补不满,他想到了作《忆母亲》,后来不久又写了《回忆》。除了《兔子》发表在《文学季刊》上,其他两篇去处不明。这3篇文章产生时间相近,风格也极其相似,都属于回忆类文章,他这是在追忆童年和家乡,或者说是想搜寻更多的关于母亲的事和物。显然,母亲是季羡林一生永远的痛,回忆落在纸上何尝不是他年少心里孤寂的一笔笔难舍的温情。珍视乡情母爱,却又内心纠结痛苦,所以在作文过程中,季羡林总是对自己吹毛求疵,就跟他开始写《心痛》一文一样,往事历历在目,却难以成文。

根据《清华园日记》中的记录,1934年3月,在写作上已取得不俗成绩之后,季羡林开始构思一篇讲述自己是怎样开始写作的文章,《我怎样写起文章来》由此产生。结合季羡林一生的学术成就,一篇写作自传对于学界来讲实在珍贵至极、不可多得。但这篇文章在彼时彼地却有些不合时宜,以当时他的资历来讲,写这样的文章未免有自大之嫌,文

---

① 季羡林:《清华园日记》,北京:北京理工大学出版社2015年版,第218页。

章因此没能发表,后来又由于各种原因被遗失。

　　值得一提的是,《我怎样写起文章来》的产生是季羡林在为《自己》一文纠结烦恼而不得的情况下,而另寻的一条自传性写作支脉。日记中讲述的《我怎样写起文章来》的发表过程实在有点啼笑皆非。其实,在创作之初,他就明白,这种题目一般是比较有名望的作家写的,自己若写了,是不打算发表出来的,因为一定有人笑话他。后来,他把写好的这篇文章送呈给叶公超先生看,结果却狠狠地碰了颗钉子。当时,叶公超把他叫过去,铁青着脸,把原稿掷给了他,并直截了当地说"我一个字都没有看",沮丧之下,他颇为狼狈地拿稿遁走了。可以想象当时书生意气的季羡林是多么尴尬和不平,毕竟他自己对这篇文章的感觉是极为良好的。至于为什么会被叶公超拒绝,或许后来的季老能理解其中的缘由吧。

　　《我怎样写起文章来》失败之后,执拗的青年并没有停止他对"自传"的构思。但是从日记间隔来看,十几日过去了,《自己》一文仍旧是毫无进展,他想来想去,"越想越糊涂",若一味强求,恐怕这里面的痛苦要比快乐来得更多。最终,这篇自传性质的小品文总算不了了之。其实,从个人情感来讲,学生时代的季羡林作《我怎样写起文章来》和《自己》并不能说他当时有多大的自信或是自负。青年多敏感,这时正是一个人的人生观和价值观开始形成的关键时期,加上大量的阅读和不一样的亲情背景,表达、倾诉的欲望也就越来越强,于是只要得到些许朋友和老师的赞赏,便会促使如季羡林这样的年轻人开始去审视和展现自己,而写作则是最好的呈现方式。只是在这种时候,往往是当局者迷,够不够格不是问题,关键是想要被认识和认可。虽然最终宏愿破灭,然而能不知所畏地倾诉,"又岂不快哉!"

　　日记到了这里已经接近尾声,季羡林的大学生活也快要结束了,但他的写作却丝毫没有半点懈怠,《寂寞》《老妇人》《夜里香花开的时候》和《红》纷至沓来。其中在写《老妇人》的过程中,他的心情是最为得意、欢畅的,"开始写《老妇人》,觉得非常满意""一天都在写着《老妇人》,仍然很满意""把《老妇人》看了一遍,仍然觉得很满意""《老妇人》我实在太爱了,我要用来打破《现代》的难关"[①],最后他把《老妇人》改为《母与子》寄给《现代》,结果有点让人忍俊不禁,文章应该是被退了回来,只是日记里没有明说。究其原因,可能正如季羡林自己在日记里所说,自己往往觉得很满意的文章,别人却总是认为写得不好,反之亦然。就好比之前的《兔子》一文,他自己在写作过程中可谓是千般纠结、万般不满,结果李长之却说不错,《文学季刊》也很快刊登了出来。至于《寂寞》《夜里香花开的时候》和《红》这三篇,《寂寞》应该是写得不错的,最后发表在《文学评论》上,而另外两篇则去处不明。

季羡林大学时期创作的散文基本都能在《清华园日记》里找到线索,有明确去处的篇章主要都发表在《文学季刊》《学文》《文学评论》《文艺月刊》和《现代》5个期刊上。这些期刊在当时文艺界都有着比较大的影响力,有不少著名作家参与编辑、撰稿,如郑振铎办的《文学季刊》,规模很大,鲁迅、周作人、俞平伯,以及施蛰存、闻一多等都是其编委成员。作为学生的季羡林,能在这些期刊上发表文章,足以说明他当时的写作水平和散文质量。

不过正如叶公超所说,他的散文大都集中于小范围的意识,甚至有点"为赋新词强说愁"的味道。出现这种问题不足为奇,首先,在那个时代,一个学文学的人若不写点文章,就显得落伍了,他的写作有很大的功利性在里面,主要是为出国留学打基础;其次,文章的深浅、意识范围的大小更多取决于一个人阅历和知识的广博,显然,大学时代的季

---

① 季羡林:《清华园日记》,北京:北京理工大学出版社2015年版,第235页。

羡林在这两方面都还不够成熟；最后，季羡林从小形成的幽闭的心理也是一个重要的影响因素，幽闭的心理往往会让人聚焦于一事一物和一类情感之上，所以季羡林这时期的散文大多缘起于母亲，回忆性质比较强。

青年季羡林清华园读书记
——《清华园日记》中季羡林阅读内容分析

毛银秀　王京山[*]

《清华园日记》是季羡林先生 1932 年 8 月至 1934 年 8 月于清华大学学习期间所写的日记,是青年季羡林对大学生活的真切描述和生动记录,构成了《清华园日记》独特的价值。回望季羡林大学岁月的印记,里面人物形象平凡,并无学界泰斗的登高望远,只有面对未知未来的忐忑不安,与今天大学里的莘莘学子一般无二。然而,清华园的四年学习生活是季羡林迈向未来学术辉煌的起点,其中的学习和阅读无疑占据了极为重要的位置。

《清华园日记》里的季羡林,是处于大三、大四时期的高年级大学生。由《清华园日记》中的内容可知,阅读占据了青年季羡林的大部分学习时间。两年的大学生活,季羡林几乎每天都会花上几个小时的时间来阅读,而他的阅读书目数量大、种类广泛。虽然日记内容总是寥寥数语,却记录了他阅读的点滴,从中国文学到外国文学,他的阅读书目卷

---

[*] 毛银秀,时为北京印刷学院新闻出版学院研究院研究生。王京山,现为中国传媒大学传播研究院教授。

帙浩繁。根据《清华园日记》的记录，季羡林大三、大四期间阅读的书目有近200本之多，其中外文书籍100多本，中文书籍60本左右。虽然日记里随处可见他阅读和写作的痕迹，但不同于一般的日记文学形式，里面并没有长篇大论的所思所感，随笔记录的都是他今天在读什么书、简单地描述好与坏、写书评和译作以及计划发表在什么期刊等流水账式的记录。

概括起来，由于季羡林在清华大学学的是西洋文学，所以他在清华园里的阅读可分为外国文学阅读（英文、德文、法文及中文译本）和中国文学阅读，其中前者为主、后者为辅，分别作为课内阅读和课外阅读贯穿季羡林的整个大学学习生活。

一、外国文学作品的阅读

在外文阅读方面，季羡林阅读英文著作比较多。因为他从小学就开始学英语，到高中时甚至委托书店代购英文书籍，英文水平相对较高。在兼容中西文化的清华大学里，阅读英文图书对他来说是既理想又容易的选择。季羡林的英文阅读范围广、形式多样，包括经典小说和文学论著，如英国艾玛和莎士比亚的多数作品，歌德的《歌德全集》和卢梭的《忏悔录》以及一些意大利经典著作等。与英语阅读相比，季羡林德语和法语阅读的量并不大，阅读的过程也比较困难。虽然季羡林的专业是德语，但是他的德语水平并不好，法语学习也是半路出家，两者距离他的英文水平还很远。德文著作方面，季羡林阅读荷尔德林（《清华园日记》中称为"薛德林"或原文"Hölderlin"）和凯勒的作品比较多，其中荷尔德林是季羡林当时很喜欢的作家，他甚至几番周折从海外购得《荷尔德林全集》。日记所提到的法语作品也都是经典著作，如福楼拜的《包法利夫人》、高乃依的《熙德》和莫里哀的《伪君子》以及普鲁斯特的《在斯万家那边》等。其中《在斯万家那边》的阅读历时漫长，一个多学期都不曾把它读完放下。另外，季羡林阅读的外国文学读本中还包括中文译本，如《浮士德》是郭沫若译本，《罗密欧与朱丽叶》由徐志摩翻译。

关于外国文学，季羡林在日记中的评论很少，只是在读荷尔德林的作品时会多说上几句。例如，他在1932年11月22日记道"刚才我烛读Hölderlin……万籁俱寂，尘念全无，在摇曳的烛光中，一字字细读下去，真有白天万没有的乐趣……"；以及1933年7月16日对荷尔德林书信体小说《许佩里翁》的评价"觉得非常好，拿抒情诗的笔法来写小说，他还是第一个"① 等。虽然季羡林在日记里评述不多，但是广泛的外语阅读催生了他的诸多译作、消息小抄、书评或是论文，开阔了青年季羡林的眼界，使他逐步走上了尝试写作和发表作品的道路。

《清华园日记》里有很多他发表译作、书评、文坛小抄和论文的记录。如译作《一个守财奴的自传》（Don Marquis 作，《华北日报》副叶稿上，1932.9）和《代替一篇春歌》（H. Jackson 作，《清华周刊》第39卷第1期，1932.3）；国外文学消息翻译《本年度诺贝尔文学奖金获得者高尔斯华绥》（北京《晨报》《学园》，1932年12月15日、16日），以及1932年10月10日写到的"早晨作文坛消息两篇，一关于 Faust 英译本，一关于 U. Sinclair 近著 *American Outpost*"，不仅如此，他还就此写了两篇小作文发表在《大公报》文学副刊上。关于读后作文，1933年4月季羡林为他喜欢的作家荷尔德林写了一篇生平介绍和自身对他的认识，最后在《文学评论》（第1卷第2期）上发表了《近代德国大诗人薛德林早期诗的研究》一文（1934年8月4日）。

不管是译作、消息小抄、书评或是论文，它们的产生都与季羡林广

---

① 季羡林：《清华园日记》，北京：北京理工大学出版社2015年版，第135页。

泛的外语阅读密切相关，日记里呈现的信息只是点到为止，却能找到它们的来处和去处。

二、中国文学作品的阅读

受小时候阅读兴趣的引导，季羡林虽然大学主修西洋文学，但中国文学也在他的阅读中占据着很大的比重，包括中国传统文学和现代文学的阅读。在大约60本中国文学作品的阅读中，他在日记里发出的感想远远多于外国文学。

1. 传统文学阅读

季羡林在中小学时期就打下了很好的古文基础，那时他喜欢看古典通俗文学作品。《清华园日记》里的书单中有不少是古典文学作品，其中阅读时间几乎都集中在1934年，既有《红楼梦》《儒林外史》《诗经》等经典著作，也不乏稗官野史、奇闻异志类通俗文学作品，如《西游补》《绿野仙踪》《东游记》《鬼土日记》《岭南逸史》《北史演义》等。

季羡林虽然喜欢阅读古典通俗小说，但他并非好坏不分，其中《西游补》得到了他的很高评价，并在日记中写道"《西游补》读完，我觉得这是非常非常好的一部书，完全以幻想为骨干，利用旧的材料，写来如行云流水，捉摸不定，写幻想至此，叹观止矣"。而其他作品在他看来则大多乌烟瘴气所读非文。例如，日记中记道"昨天看《东游记》，简直不成东西；《绿野仙踪》比较好一点，不过也不高明"。在看《鬼土日记》时评价"还不坏。不过讽刺太有点儿浅薄，也太单调。文字很经济"。他对《红楼梦》和《儒林外史》赞赏有加，《儒林外史》"写的的确不坏，充满了irony，几百年前能写这样文章，真不容易"。读《红楼梦》时，他更是深有所感、爱不释手，比起小时候读《红楼梦》的懵懂,这时的季羡林可谓书中觅知音。他能看到林黛玉的孤独,感她所感、忧其所忧,甚至发出"我这次再接着看是拿着刽子手杀人的决心看下去的"这样激烈的情感。此外,季羡林还比较喜欢读南唐后主李煜的词,日记记录有他对《南唐二主全集》的短评"后主词真好极了。我尤爱读'帘外雨潺潺'一首,我真想哭呢"。

为什么喜欢《红楼梦》?为什么一句"帘外雨潺潺"就能引起他的悲伤而想要哭?"读书是与古人灵魂的对话",无论曹雪芹、李煜,或者说是林黛玉,孤独、敏感、细腻、苦闷都能引起季羡林的情感共鸣,"才情皆为人生苦",也许只有将一腔热情付诸书海,才会感到被救赎。

2. 现代文学阅读

在20世纪30年代,中国的文坛可谓百家争鸣,而当时的北大、清华更是"京派"文学的策源地,人文荟萃,各抒己见。在彼时彼地,季羡林无可避免地受到现代文学的浓厚熏陶,他在师友的影响下大量阅读,积极创作。

"活人的书不可读"这一论调在当时的中国似乎并不成立。在《清华园日记》的书单里,现代作品占据了季羡林中国文学阅读的大部分,鲁迅、郁达夫、丁玲、郭沫若、周作人等现代作家的作品都在他的拜读之列,日记中对它们的评价赞赏居多,非议较少。

从日记里几句简短的话语中不难看出,鲁迅的作品,季羡林看得不少,对其人也极为敬重。他秉烛夜读鲁迅的《三闲集》,最后说到"此老倔强如故,不妥协如故,所谓左倾者,实皆他人造谣",其中的维护敬佩之情显而易见。但在读到《二心集》时,他却又认同鲁迅思想有些偏"左"了。相比较而言,季羡林对周作人的文章总是不乏赞美之词。《中国新文学的源流》让他觉得周作人的思想中庸而健康,但中间也有让他不满之处,他因此还打算作一篇批评该文的文章来。而读完《看云集》,他却给予了极高的评价,认为平时索然无味的事物,经周作人一写,都栩栩如生起来,仿佛一切都有了诗意,而这种评价在整个日记中极为少见。

当然,现代作品中肯定也有不少不合胃口之作,日记中也有明确记录。如丁玲的《母亲》,季羡林一连几天都在读它,最后他却觉得不好,认为背景不足,主人公的变化来得太快。另外,日记里还有一处比较直接的否定,就是读完张露薇的《粪堆上的花蕾》后,他觉得"简直不成东西",评价简单粗暴,口吻任性纯粹。

此外,若说外国文学引起了季羡林翻译的热情,那么阅读中国文学则激起了他在文学评论方面的写作。

20世纪二三十年代的中国,文艺界的思想异常活跃,不管是大师之间、学子之间或是学子与大师之间都经常出现学术论战的现象。在《清华园日记》中就有多处提到季羡林作文骂某人某作,如前面提到的周作人,虽然季羡林对他评价比较高,但还是忍不住要写一篇文章批上一批。除此之外,日记中还有两处骂战:一篇是《再评烙印》,是批评臧克家的,发表在北晨学园《诗与批评》上;还有一篇是关于《夜会》的书评,后来还有人在《世界日报》上批评他的这一评论。可以想见,当时学校的文学氛围是很浓厚的,骂战是思想的交流,同时也是如季羡林一般爱读书的学子们写作的动力。

《清华园日记》中展示的季羡林的阅读过程不只是吹毛求疵,其中还有不少触动心灵的时候。1933年8月20日的日记中记道,受巴金的《家》的启发,在感动之余,季羡林还拟作一篇回忆性散文,名叫《忆》。在第二天,他还写了一篇《家》的书评,发表在《大公报》文学副刊上。不止于此,季羡林还为李后主作年鉴和传略,虽然日记中说是为了应付老师吴宓,但从前面不难发现,他也是喜欢李煜的诗的。

通过阅读《清华园日记》,我们可以发现,大学期间季羡林的学习生活是充实的。与书为伴,慰藉了他孤寂的心灵,能在战火纷飞的年代静下心来读书更是可贵可敬。通过持续的阅读，青年季羡林也是受益匪浅的。首先，养成了良好的阅读习惯，为未来的学术研究打下了坚实的基础。坚持不懈的专业阅读，是一个学者脱颖而出的先决条件。季羡林先生后来去德国留学，攻读极为艰深的东方语言文字，这种持之以恒的阅读毅力必不可少。其次，青年季羡林通过阅读确立了自己的人生目标和方向。季羡林通过阅读发现了德国古典浪漫派诗人荷尔德林。荷尔德林作品的精神气质，暗合了季羡林的性格与情感。由于荷尔德林诗集的牵引，季羡林确立了留学德国的人生目标，最终实现了人生的飞跃。青年季羡林的奋斗史，从这个意义上说，基本就是一部阅读史。而季羡林先生当时的阅读书单和阅读经历，对于今天的大学生而言无疑有着重大的启发和借鉴意义。

从《清华园日记》看大学时代季羡林的家庭生活[*]

王京山[**]

《清华园日记》是季羡林于清华大学学习期间所写的日记,时间跨度为1932年8月22日至1934年8月11日。这是季羡林二十一到二十三岁的真实记录。阅读季羡林的《清华园日记》,原本众人仰望的"学界泰斗""国学大师"不见了,取而代之的是一个满腔不平的青年学子。与今天的大学生一样,他抑郁、彷徨、孤傲、寂寞,怨天尤人,甚至破口大骂。在《清华园日记》里,季羡林记录了他大学时代的真实生活,从中我们也可以窥见他家庭生活的一斑。

季羡林是在一个非常特殊的家庭环境中成长起来的。他幼年同父母在清平农村老家相依为命,直到六岁离开母亲来到济南,寄居于叔父季嗣诚家。从六岁到上大学,他一直在叔父家生活,叔父家实际成为他真正的原生家庭。叔父家供养他念书学习,为他娶妻,哺育他成人。到了

---

[*] 本文为教育部课题"季羡林《清华园日记》和20世纪30年代大学教育研究"成果之一。
[**] 王京山,现为中国传媒大学传播研究院教授。

大学时代，季羡林虽已娶妻成家，但经济上仍不能独立，他仍然是在叔父家这样一个大家庭生活。这种寄人篱下的窘境，使他倍感压抑，也埋下了家庭生活不和谐的种子。

一、季羡林的第一原生家庭

1911年8月，季羡林出生于山东省清平县（现属于山东省临清市）官庄。季氏家族并非名门望族，甚至说不上是书香门第，却也是耕读传家。季羡林的爷爷很早故去，因此季羡林没有见过他的爷爷。季羡林的父亲季嗣廉是长子，在堂兄弟中排行第七；季羡林的叔父叫季嗣诚，排行第九，所以季羡林称他九叔。季羡林还有一个小叔叔，因为家里穷，送给别人做了养子。

季羡林的爷爷去世时儿子们还没有成年，家里一贫如洗。季嗣廉和弟弟季嗣诚兄弟俩到十几岁的时候，曾到济南谋生。经历了无数艰难困苦，弟弟终于有了较为稳定的工作。兄弟二人商议，弟弟留在济南，挣些钱补贴家用，哥哥回到家乡，侍弄父母留下的半亩多地。回乡不久，季嗣廉娶了邻村王里长屯赵家的姑娘，这就是季羡林的母亲。后来季嗣诚买了十分之一湖北赈灾彩票，不想竟中了大奖，得了几千两银子，兄弟二人过了一段阔气的日子。因为季嗣廉不懂经营，钱来得快，去得也快。曾经阔过一阵子的季嗣廉又变回了一个贫农。就在赤贫如洗的窘况中，季羡林降生了。

季羡林的外婆家也是贫农。母亲勤俭持家、服从丈夫、孝敬长辈、含辛茹苦，具备那个时代的妇女应有的一切美德。后来，季嗣廉家又添了两个女儿：大女儿昵称香妹，一直没有正式名字；二女儿叫季淑林。这就是季羡林父亲一家的所有成员。

在贫穷的鲁西北官庄村，季羡林长到六岁。第一原生家庭给他最大的印象，就是贫穷和饥饿。家庭的贫穷，季羡林终生难忘。他回忆自己的童年时就认为："当时全中国的经济形势是南方富而山东（也包括北方其他省份）穷。专就山东论，是东部富而西部穷。我们县在山东西部又是最穷的县，我们村在穷县中是最穷的村，而我们家在全村中又是最穷的家。"① 因为贫穷，他很早就饱尝饥饿的滋味。他在《赋得永久的悔》中写到他童年时有两种吃的——"红的"和"白的"。所谓"红的"和"白的"，是指干粮的颜色。高粱的颜色是红的，季家一年四季的主要食粮就是高粱。小麦面的颜色是白的，白面是季家一年到头难得一见的细粮。在季羡林童年的记忆里，从来没有吃过肉，只在外婆家里喝过肉汤。②

因为家庭极端贫困，季羡林六岁被叔父接到济南，从此过上了衣食无忧的生活，但也远离了父母，结束了自己的童年时代。所以他在第一原生家庭中生活时间不长，但第一家庭的影响极为深远。

季羡林对于父亲和两个妹妹的印象和感情较为淡漠，到季羡林十一二岁的时候，父亲季嗣廉去世，季羡林回家奔丧。因此，我们在季羡林《清华园日记》中鲜见他对于父亲和两个妹妹的记述回忆文字。

季羡林对于母亲则不然。因为幼年离开母亲寄居于叔父家，享受的母爱很少，他对母亲十分依恋。季羡林离开母亲之后，有两次短暂的会面。他虽然愿意母子团聚共享天伦之乐，但寄人篱下的现实让他的想法无法实现。到清华上大学后，季羡林暗暗立下誓愿：一旦大学毕业，自己找到工作，立即迎养母亲。③ 然而，"树欲静而风不止，子欲养而亲不

---

① 季羡林：《我的童年》，北京：天地出版社2019年版，第3页。
② 季羡林：《赋得永久的悔》，http：//www.rain8.com/article/class4/201412/22564.htm（访问时间：2014年12月24日）。
③ 季羡林：《赋得永久的悔》，http：//www.rain8.com/article/class4/201412/22564.htm（访问实践：2014年12月24日）。

待",在季羡林大学尚未毕业之际,母亲突然去世。在母亲去世之前,母子已整整八年未见。这八年间,季羡林读完初中,上高中,停学一年,再读,娶妻,生女,高中毕业,上大学……如此漫长的时间,季羡林竟没有抽出一些日子回家与母亲团聚。

母亲的去世对于季羡林是巨大的打击。在《清华园日记》中,母亲故去,季羡林还乡治丧,这一段时间没有日记。返回清华重新记日记,起初他不相信母亲已经去世:"有时候,脑筋里仿佛一阵迷糊,我仍然不相信母亲真的死去了。""有时候,忽然一闪,仍然不相信母亲会死了(我写这日记的时候还有点疑惑呢)。她怎么就会死了呢?绝不会的,绝不会舍了我走了的。""不知为什么,我老不相信她是死了。她不会死的,绝不会!在这以前,我脑筋里从来没有她会死的概念。"

此后,季羡林对母亲的去世深感遗憾和痛苦:"我同母亲八年没见面,她就会死了吗?我的心真痛。""晚上又想到母亲,又大哭失声,我真不了解,上天何以单给我这样的命运呢?我想到自杀。""最近心情很坏,想到过去,对不住母亲,对不住许多人。""我真不明了整八年在短短一生里占多长的时间,为什么竟一次也没家去看母亲呢?使她老人家含恨九泉,不能瞑目!呜呼,茫茫苍天,此恨何极?我哭了半夜,夜里失眠。""昨天又想到母亲,其实我时常想到的。我不能不哭,当想到母亲困苦艰难的一生,没能见她的儿子一面就死去了,天哪,为什么叫我有这样的命运呢?"

母亲的去世,是季羡林"永久的悔"。

二、季羡林的第二原生家庭

季羡林六岁的时候离开父母和家乡来到济南叔父家,从此成为叔父家的一员。他上学、娶妻、生子、留学、成为北大教授……再也没有回到农村老家。说叔父家是季羡林的第二原生家庭,一点也不为过。

与季羡林的父亲季嗣廉相比,其叔父季嗣诚可谓是一位"成功者"。他历尽艰难在济南落脚成家,总算过上了衣食无忧的生活。生活稳定之后,他还努力承担家庭责任,把一部分钱寄回老家,让季嗣廉在老家建房置地,准备振兴季氏家族。后来,他娶妻生女,为了延续季家的香火,又把季羡林从农村接到了省城济南,并努力培养季羡林好好读书,传承子嗣,振兴家业。可以这样说,没有叔父的倾心栽培,也就没有后来的著名学者季羡林。

季羡林来到叔父家的时候,叔父家已有三口人:叔父季嗣诚、婶母马巧卿和堂妹素秋,又称秋妹,以后随家谱改名惠林。后来,季羡林的小妹妹季淑林也来到济南,组成了一个五口之家。到叔父家后,吃穿不再成为难题。以前梦寐以求的、视为龙肝凤髓的白面馒头,已经是习惯成自然,衣着上也城市化了。但季羡林来到叔父家,不啻寄居于陌生人家,小小年纪寄人篱下的窘况带来的压抑和孤单使他难以忍受。第二原生家庭对季羡林情感方面的深刻影响,可谓终生不灭。

季羡林在叔父家中的地位十分特殊。季羡林来到叔父家,是"兼祧",也就是俗称的"一子顶二门",即同时兼做父亲和叔父的儿子,一人继嗣两房。因此,季羡林没有履行过继手续,仍称呼叔父和婶母为叔父、婶母。在季羡林看来,这就有点"见外"的意味。而且,叔父为人严肃刻板,平日总是板着脸,很难看到笑容。这既是叔父的个性使然,也有叔父生计艰难忧心操劳的缘故。面对严厉刻板的叔父,季羡林总是感到极端的拘谨,二人情感交流稀少而且不畅。久而久之,季羡林对叔父敬畏交织,"敬而远之"也就成为季羡林对待叔父的基本态度。面对叔父,他只有出于理智的感激和礼貌,没有水乳交融的亲爱之情。他也不认为这是自己的家,尽管他在这个家庭中生活了十几年,这个家庭是他事实上的原生家庭。

同时，婶母马巧卿心眼小，对这个外来的侄子不感兴趣，在很多事情上慢待、歧视这个远道而来的侄儿。季羡林很快就察觉，婶母对他的态度和对待自己亲生女儿的态度，有天壤之别。季羡林晚年回忆说，婶母很少给他做衣服，即便做了，给亲生女儿用的料子是高价的府绸，给他用的是廉价的粗布。少年季羡林每天要花三个铜板才能吃饱，可婶母偏只给他两个，于是他只好饿着肚子去上学。而且，每天要钱时，年幼的季羡林总要酝酿良久，鼓足勇气才能开口。久而久之，季羡林对叔父和婶母产生了难以言传的复杂情感：他虽不认为叔父婶母虐待他，但在日常生活中的歧视比比皆是层出不穷，让他产生了不可遏制的"寄人篱下"的感觉。

从旁人看来，季羡林的叔父很好地履行了父亲的教养责任。因为叔父没有儿子，他对季羡林视同己出。季羡林在叔父家不但衣食无忧，更难得的是叔父极为关心季羡林的教育，使季羡林能接受良好的教育，直到季羡林清华大学毕业，后来又资助他出国留学。对于季羡林的外语学习，叔父更是十分重视，为季羡林考入清华西洋文学系打下了坚实的基础。叔父还帮助季羡林成家，为季家传宗接代不遗余力。没有叔父的支持，也就没有季羡林后来的巨大成就。对此，季羡林理智上是认可的。但是，从感情上来说，叔父毕竟不是生父，那种距离感是无法消泯的。叔父带着季羡林离开了农村老家，也离开了母亲。季羡林从幼年开始就母子分离长久不能相聚，在叔父家中生活不能自主，再加上长期有形无形的歧视与慢待，让季羡林长期心情十分压抑。

季羡林与堂妹秋妹之间的关系也不太好。小时候两人并不和睦，从下面事例可见一斑。季羡林在中学时学习作诗，他想到自己在叔父家备受歧视，心有所感，曾写一首"三句半"打油诗：

叔婶不我爱，

于我何有哉。

但知尽孝道，

应该。

这首诗被秋妹知道了，惹得她极为不满。① 长大后秋妹与济南富裕大户弭家结亲，婶母常会让季羡林到弭家去"朝拜"，献殷勤、巴结讨好弭家，季羡林不愿意去，惹得婶母很不高兴。这样，季羡林在叔父家没有舒畅交心的氛围，他的孤单、郁闷可想而知。

叔父家庭内部复杂的人际关系和备受歧视的压抑，让季羡林身心俱疲："我近来对家庭感到十二分的烦恶，并不是昧良心的话。瞻望前途，不禁三叹。"他对许多事敢怒不敢言，只能从家庭逃避："预定明天回北平。说实话，家庭实在没念念的必要与可能，但心里总仿佛要丢什么东西似的，惘惘地，有醉意。"在1933年3月3日的日记中他写道："家庭，论理应该是很甜蜜。然而我的家庭，不甜不蜜也罢，却只是我的负担。物质上，当然＜没负担＞了，灵魂上的负担却受不了。"通过《清华园日记》可以发现，这种寄人篱下诸事不能自主的窘境，很长时间季羡林都无法摆脱，甚至影响了他的家庭观念。

三、季羡林的小家庭——琴瑟不调的夫妻关系

1929年季羡林18岁，已经成年。他是季家的独苗，为了传宗接代，他要娶妻生子，为季家接续香火。于是他在到清华上大学之前结婚了，妻子是大他四岁的济南女子彭德华。这是叔父之命、媒妁之言的典型包办婚姻。

---

① 胡光利、梁志刚：《季羡林全传》，上海：华中科技大学出版社2019年，第45页。

季羡林虽然成家了，但他还只是一个在校大学生，没有任何收入，也就没有独立门户的本钱。所以，此时的季羡林虽然已经成家，但他和彭德华小两口仍然寄居于叔父家中，他寄人篱下的境况并无改变。所不同的是，他拥有了一个名义上的小家庭，尽管他仍不认为这个小家庭是自己安身立命的所在。

季羡林的婚姻实际上是为"孝顺"而存在，以传宗接代为目的。他和彭德华之间缺乏爱情的基础，事实上也没有爱情，他也没有试图培养爱情，先结婚后恋爱。① 彭德华只读过几年小学，因为日常整天帮着父母做家务，后来几乎不识字。夫妻文化水平和性格、爱好的差异，使季羡林的婚姻根本谈不上美满。彭德华虽然贤良淑德，任劳任怨，但她并非季羡林的意中人，夫妻始终琴瑟不调，感情淡漠。

在《清华园日记》的起始，季羡林就写道："使我最不能忘的（永远不能忘的）是我的 H（彭德华），竟然（经过种种甜蜜的阶段）使我得到 derSchmerz（痛苦）的真味。"在这里，他对于妻子的不满意与不满足溢于言表。

1932 年 9 月 23 日，季羡林从家信中得知妻子怀孕的消息后，"我简直不知道是喜是悲。一方面我希望这不会是真的，一方面我又希望＜是真的＞。"1933 年 5 月 15 日，季羡林接到家信，得知女儿出生："第一即见到秋妹信，言家中尚不能寄钱。德华生一女。心颇急，精神靡颓。"这种矛盾心理，反映了季羡林对妻子的疏离隔膜。

夫妻感情淡漠，让青年季羡林深感爱的匮乏："我＜最＞近觉到很孤独。我需要人的爱，但是谁能爱我呢？我需要人的了解，但是谁能了解我呢？我仿佛站在辽阔的沙漠里，听不到一点人声。"没有爱情的婚姻，成为季羡林心中长久的遗憾。

---

① 胡光利、梁志刚：《季羡林全传》，上海：华中科技大学出版社 2019 年，第 58 页。

1933 年 4 月 17 日季羡林毕业旅行结束回济南，他在当天的日记中写道："家庭对我来说总是没缘的。我一见到它就讨厌。婶母见面三句话没谈，就谈到我应当赶快找点事做。那种态度，那种脸色，我真受不了。天哪！为什么把我放在这样一个家庭里呢？"此时的他临近毕业，求职还没有着落。婶母对他是这个态度，自己的小家庭中幼女嗷嗷待哺，妻子无法为他分忧，他内心压力之大可想而知。

季羡林上大学的民国时期，传统婚姻观念正受到巨大冲击，自由恋爱大行其道。当时确有许多名人以各种形式自行解除父母包办的旧式婚姻，勇敢追求个人的婚姻幸福。在时代潮流的裹挟下，青年季羡林可能也未尝没有自由恋爱追求幸福的想法。此后，季羡林负笈万里留学，夫妻聚少离多，但在种种因素的作用下，他没有背叛自己的妻子，夫妻二人最终白头偕老。

综观季羡林的家庭生活，可以发现一个共同的特点，那就是——爱的匮乏。他六岁离家，缺乏父母之爱；从少年到青年，他寄人篱下，缺乏家庭温暖；成家之后，夫妻关系淡漠，长期分居，缺乏男女之爱。与同辈大家如周一良、钱锺书相比，季羡林可谓既无母爱，又无夫妻之爱。然而，家庭给予季羡林的是痛苦，季羡林回馈社会的是福音。他通过自己的扎实努力，一步一个脚印，终于由一个少无大志的顽童，成长为中国学术泰斗、世界著名学者。[①] 而他的家庭生活，留给我们的是一声慨叹和无尽沉思。

---

① 胡光利、梁志刚：《季羡林全传》，上海：华中科技大学出版社 2019 年，第 246 页。

季羡林和臧克家的《烙印》笔墨官司

叶 新

季羡林先生在1979年4月15日给老友臧克家的一封信中提道:"寄来的诗选已收到。读到《烙印》等诗,回忆到四十多年的情景。当时我还是清华大学的一个学生,曾几何时,已垂垂老矣。"如果考虑到当初他与这本诗集的相遇,这番话一言难尽,也意味深长!

信中的"诗选"当为此前不久由人民文学出版社出版的《臧克家诗选》,版权页上标明是"1956年11月北京第一版1978年11月北京第2版"。《烙印》不仅是臧克家第一本诗集的书名,也是其中的一首诗的篇名。这首诗不见于"1956年版"而重现于"1978年版"的"诗选",仅列于《难民》之后。这让季羡林感慨万千,思绪又回到了40多年前的清华园求学时期。那里的那时给他留下了太多的回忆,而其中的一件就是他与臧克家的《烙印》笔墨官司了。

当时,作为青岛大学国文系三年级的学生,臧克家出版了处女作诗集《烙印》,而季羡林作为清华大学外文系三年级的学生,还没有见过臧克家。季羡林两次发表书评批评臧克家的《烙印》,在他俩的朋友圈中引起了一场不大不小的风波。

1932年9月,应清华大学外文系教授、《大公报·文学副刊》主编吴宓先生之邀，季羡林和同学王岷源、施闳诰、武崇汉等为之撰稿，也就为他开辟了一块当然的发表阵地。季羡林当初认为《文学副刊》"不大喜欢创造"，在发表了不少欧美文坛消息后，逐渐开始发表新文学书评，对《烙印》的评论是他的第一次尝试。

《烙印》这本诗集出版于1933年7月，既是臧克家的处女作，也是他的成名作。他的恩师闻一多教授虽然已经离开青岛大学，就职清华大学中文系，但为他的诗集出版出资20元并作了序，肯定了他的诗"具有一种极其顶真的生活的意义"。而著名作家梁实秋、老舍、茅盾和韩侍桁等也作了极其肯定的评价。文坛的良好反响促使这本诗集从自费出版变成了商业出版。上海的新月书店将其纳入《开明文学新刊》，1934年3月予以再版，到1949年2月已经是第八版。

但是在文坛的一片看好声中，也掺杂着来自季羡林和李长之的不和谐音。季羡林是何时看到这本诗集的呢？

我们来看《清华园日记》的摘录：

"读臧克家的诗，觉得有些还不坏。（1933.8.27）"

"又写了一篇评臧克家诗的文章。（1933.8.28）"

"有些还不坏"的言下之意是"有些坏"，有感而发，一日成文，直接投给了自家的发表阵地《文学副刊》。从当时的情形看，季羡林不可能得到臧克家的赠书，所评的诗集很可能来自卞之琳和李广田之手。前者鼓励臧克家自费印诗，后者是臧克家的中学同学，都为《烙印》的出版出了大力。季羡林在1933年9月1日写道："吴宓送我一本臧克家送他的诗。"臧克家给吴宓先生送了一本，应该是他看不上这种新诗集，转手就送给了季羡林，并且很快在《文学副刊》第296期（9月4日）发表了这篇书评。

这篇不是《烙印》最早的书评，1933年9月2日的《益世报》刚发表梁实秋先生的书评，他的评价是正面肯定的，赞赏其表现出了作者的个性。他认为最难得的是"作者虽然对于生活的艰苦表示多量的同情，然而他并不流于时髦的人道主义或感伤主义……他不会因了同情的心热炽而抛弃了艺术的立场"。期待文坛评价的臧克家刚刚感受到了文坛前辈梁实秋先生给予的一坨热情，马上就遭受了无名小子季羡林同学泼来的一盆冷水。

臧克家的反应如何呢？季羡林在1933年9月13日的日记中写道：

> 在长之处，看到臧克家给他的信。信上说：羡林先生不论何人，他叫我往前走一步（因为我在批评《烙印》的文章的最末有这样一句话），不知他叫我怎样走——真傻瓜。怎么走？就是打入农工的阵里去，发出点同情的呼声。

季羡林在书评的一开始就有了这样的定性："本书共包含新诗二十二首，听说是在出版前经过许多人选定的。作者的确写过许多极坏的诗，幸而都在选的时候删掉了，所以留在这集子里的，大半都还令人满意。"颇有半褒半贬、褒中有贬之意。

他赞赏的是："作者感觉到了生活的痛苦和严重，写了出来。但是又推己及人，想到了别人的，尤其是被压迫者的痛苦，也写了出来。""他替他们诉苦，替他们呼号。"不过他疑惑的是："根据自己的痛苦，能推想到别人的痛苦吗？"他认为作者的问题在于"以一个大学生去写炭矿工、当炉女的心情，总有点像'隔皮猜瓜'"。

因此在书评的最后，他说："在《洋车夫》里的诗人说：'他的心是个古怪的谜。'真的。诗人要想了解这个谜吗？请你再向前走一步。"臧克家要问季羡林的是"不知他叫我怎样走"，季羡林的回答是"打入农工的阵里去，发出点同情的呼声"。

季羡林觉得这个问题还没有谈透，或者说他认为臧克家还不明白这一点，因此有了再评《烙印》的意思。我们来看同年9月24日的日记记载：

> 晚饭后，同曹葆华在校内闲溜，忽然谈到我想写篇文章骂闻一多，他便鼓励我多写这种文章，他在他办的"诗与批评"上特辟一栏给我，把近代诗人都开一下刀。
> 回来就开始写《再评〈烙印〉》，我现在才知道写文章的苦处——满脑袋是意见，但是想去捉出来的时候，却都跑得无影无踪，一个也不剩了。写了一早晨，头也痛了，才勉强写成，只一千字左右。

季羡林想写文章把包括闻一多在内的当代诗人都骂个遍、开个刀。人称"曹诗人"的曹葆华大加鼓励，提出在他主办的《北平晨报》"诗与批评"副刊中为此开辟一个专栏。当晚季羡林就开写《再评〈烙印〉》，一直写到第二天早上，努力捕捉到处乱跑的灵感，总算熬出了1000字。

接下来的不久，季羡林因母亲突然去世，回家奔丧，回来再写日记已经是一个月以后了。他在1933年10月31日的日记中写道：

> 前几礼拜，作了一篇《再评〈烙印〉》，是骂臧克家的，不意给曦晨看见了，以为有伤忠厚，劝我不要发表，曹诗人又不退还稿子，我颇为难——昨夜几失眠。

"曦晨"即李广田的字，他作为臧克家的同学，认为此文有伤忠厚，不建议发表。但是曹葆华收了稿子之后又不肯退稿,让季羡林左右为难。结果呢,见11月23日的日记"《关于〈烙印〉的几句话》在《诗与批评》登出来了"。

在该文的开头,季羡林提道:"昨天我在一个朋友那里看到臧先生的信,说:'羡林先生不识何人,他要我往前走一步,不知这一步如何走法?'"

而季羡林教给臧克家的"走法"是:

诗人,向前走一步吧,即使不能成为"这群人"的一个(成了当然更好),也到这群里去看看,去到他们灵魂的深处去看看,到底是什么情形。坐在红楼上说梦话,把这劳苦的一群当成海市蜃楼,无论自己怎样"像一条吃巴豆的虫",有那一类的作品作基础,也不会把这海市蜃楼弄得离你更近些。向前走一步吧,倘若你愿意的话:只这一步,会带给你同情的心。

作为季羡林的好朋友,李长之当然是为他站台。《文艺》月刊1933年第6期(12月1日出版)也发表了李长之对《烙印》的书评。他一上来就说"我读他的诗并不多,印象不大好罢了"。他认为臧克家"显然是还没投身到大众之中,采取了个同情者的立场罢了"。他以《洋车夫》为例,认为其缺点在于"克家所写的别人的生活之苦,完全像一个小孩子跑到玩具店的玻璃窗前,而回头指指点点数说的光景,他并没进去"。他的意见和季羡林一致,应该是双方讨论过的结果。

虽然李长之又指出了臧克家在技巧上的一些缺点,但是他还是看好后者作为诗人的远大前程,因此在文章的最后提道:

总之,克家在他诗里有许多可敬佩的根苗,就请他用那坚忍的力,——还得加上点狠心,把不完整的地方除去,无论在内容或技巧上,那么,伟大的枝干,是不久就会呈现与我们之前的,我们准备着欢迎新时代的新诗人!

《每周评论》1934年第127期发表了《臧克家大吹特吹》一文。作者不知道是何人,一开头就提道:"读了臧君克家的《烙印》,曾给这青年诗人写了一封长信,当然,在那封信里很少有恭维的句子,因为我是不会恭维人的。"他认为《洋车夫》中的"车上一盏可怜的小灯,照不破四周的黑影"的确是好句子,但是最后一句"夜深了,还等什么呢"问得滑稽,认为自己如果是个识字的车夫,读到这句诗"亦会愤怒你是在开玩笑吧"?没想到臧克家给他回信说:

《洋车夫》末句"还等什么呢"无限深意。(你猜为什么?)不但你没看懂,李长之、季羡林两位朋友,批评此诗也没看懂这句。此句可称,一字一泪,力抵千钧!如果从实落脚,说他为生活压迫……便没有力量了,你明白不?

臧克家认为,季羡林和李长之这"两位朋友"就没作过诗,没看懂他的诗的无限深意,"还等什么呢"这一句在他看来就是"一字一泪,力抵千钧"。

诗从无定论,可以无限解读。不管季羡林和李长之的评价如何,出版界马上看到了臧克家诗歌的出版价值所在。臧克家的第二本诗集《罪恶的黑手》于1933年10月由生活书店正式出版,自费印制的《烙印》第二年则由新月书店正式再版,既为臧克家赢得了"农民诗人"的桂冠,也使他得到了文坛和出版界的双重承认。

2004年2月5日,臧克家以99岁高龄辞世。同年10月22日,待在

301 医院的季羡林先生写下了纪念文章《痛悼克家》，其中提到了当年的这场笔墨官司，又提到对"夜深了，还等什么呢"这两句诗的感受：

> 这种连三岁孩子都能懂得的道理——无非是想多拉几次，多给家里的老婆、孩子带点吃的东西回去。而诗人却浓墨重彩，仿佛手持宝剑追苍蝇，显得有点滑稽而已。因此，我认为是败笔。

臧克家认为是"一字一泪，力抵千钧"，季羡林的看法是"手持宝剑追苍蝇，显得有点滑稽"，对此做了最终的回应，可惜他的老友已经无法回答了。

不过，季羡林先生也认为"类似这样的笔墨官司向来是难以做结论的，这一场没有结论的官司导致了我同克家成了终身的朋友"。不打不成交。笔墨官司可以打，一生的朋友算是交定了。1946 年夏天季羡林从德国归国，没地方住，直接就睡在臧克家家里的榻榻米上，两人从此相知一生。

季羡林与胡适*
——从《群言》两次刊发《为胡适说几句话》谈起

张文红**

  季羡林是北京大学的资深教授、国际著名的梵文语言学家、东方学专家、印度学家、文学翻译家、作家和教育家。20 世纪 50 年代初,季羡林由王岷源、闻家驷介绍加入中国民主同盟,曾先后担任民盟北京市委和民盟中央的领导工作,为中国民主同盟事业发展做出了积极贡献。季羡林在《风雨同舟 50 年》这篇文章开篇写道:"我参加民盟将近五十年了,这是我生平第一次参加一个政治组织。"季羡林是民盟大家庭中知识分子的优秀代表。他不仅热心参与民盟的各项工作,还以自己的生花妙笔频繁在民盟中央刊物《群言》上发表文章,传达自己对于民盟发展、国家建设等诸多问题的思考与建议。据笔者统计,从季羡林 1985 年在刚刚创刊的《群言》发表第一篇文章起,直到去世的 2009 年,他一共在《群言》发表了 37 篇文章(发表文章名称和发表日期见表 1)。

---

  * 本文为民盟中央课题"民盟历史人物季羡林研究"的阶段性成果。
  ** 张文红,现为北京印刷学院新闻出版学院教授。

表1 季羡林在《群言》发表文章一览

篇名	作者	期刊	发表时间
谈老	季羡林	群言	1985-06-30
交光互影的中外文化交流	季羡林	群言	1986-05-31
传统文化与现代化	费孝通；梁漱溟；季羡林；张岱年；何兹全	群言	1986-11-27
我国文化发展战略问题	季羡林	群言	1987-07-30
要尊重敦煌卷子，但且莫迷信	季羡林	群言	1987-11-27
为考证辩诬	季羡林	群言	1988-03-01
为胡适说几句话	季羡林	群言	1988-03-31
再谈考证	季羡林	群言	1988-09-27
论书院	季羡林	群言	1988-10-27
我们的民族性出了问题	季羡林	群言	1989-04-01
文学批评无用论	季羡林	群言	1989-05-31
关于中国弥勒信仰的几点感想	季羡林	群言	1989-10-28
中国知识分子的爱国传统	季羡林	群言	1989-12-27
困难虽在目前，希望却在将来	季羡林	群言	1990-01-31
读日本弘法大师《文镜秘府论》有感	季羡林	群言	1990-08-29
从中国文化特点谈王国维之死	季羡林	群言	1991-01-07
再谈东方文化	季羡林	群言	1991-05-07
"高于自然"和"咏物言志"——东西方思想家对某些名画评论的分歧	季羡林	群言	1991-10-28
漫谈古书今译	季羡林	群言	1992-02-07
历史研究断想	季羡林	群言	1992-12-26
我写我	季羡林	群言	1993-01-31
中国古史应当重写	季羡林	群言	1993-06-30
漫谈文学作品的阶级性、时代性和民族性	季羡林	群言	1993-12-27
我的朋友臧克家	季羡林	群言	1995-01-07

(续表)

篇名	作者	期刊	发表时间
从《大中华文库》谈起	季羡林	群言	1995-08-07
我的第一位老师	季羡林	群言	1996-07-07
中国的历史会越来越长	季羡林	群言	1998-01-07
梦萦红楼	季羡林	群言	1998-05-07
做一个真正站起来思考的人	季羡林	群言	1999-02-07
风雨同舟50年	季羡林	群言	1999-10-07
千禧感言	季羡林	群言	2000-01-07
《为无告的大自然》序	季羡林	群言	2000-07-07
我有一个温馨的家	季羡林	群言	2001-01-07
重视社会科学提倡创新思维	任继愈；李翀；陈佳贵；周弘；武寅、季羡林等	群言	2001-11-07
天人合一文理互补	季羡林	群言	2002-01-07
纳粹的末日——美国兵入城	季羡林	群言	2005-08-07
为胡适说几句话	季羡林	群言	2009-08-07

注：本表根据中国知网发布的数据信息统计得来。其中有两篇是季羡林与其他人共同发表。

从主题上看，季羡林发表在《群言》上的文章主要体现了他对民盟使命、国家发展、历史学、中外文化交流、中国传统文化、东方学和学术研究方法等方面的深入思考。在这37篇中，有1篇引起了我的注意，它就是《群言》杂志刊发的最后一篇署名季羡林的文章——《为胡适说几句话》。这篇文章刊登在《群言》2009年第8期，这期杂志出版的时间是2009年8月，季羡林去世于2009年7月11日，本期杂志刊发时季羡林已经去世。再回溯季羡林发在《群言》上的文章目录，就会发现《为胡适说几句话》不是一篇新文章，它已经在《群言》杂志1988年第3期上刊登过，2009年第8期再次刊登这篇时编者也在文后注明了"1988年第3期"字样。显然，这是《群言》杂志借这篇文章的再次刊登表达对刚刚去世的季羡林的"回忆与怀念",同时,本期《群言》杂志在"回忆与怀念"栏目中还刊发了与季羡林同天去世的任继愈的文章——《中国农民的革命性与局限性》。众所周知,季羡林是集才华和勤奋于一身的知识分子代表,他虽人生际遇坎坷但一直笔耕不辍,年届八十高龄还写出了长达 80 万字的学术著作《糖史》。季羡林不仅在学术研究领域取得了巨大成就,著述颇丰,而且在文学创作尤其是散文创作领域也成就斐然。季羡林留给后世的文字近 2000 万言,优秀篇章可谓灿若群星,仅发表在《群言》上的文章就几十篇,为什么《群言》杂志会选择重新刊发这篇《为胡适说几句话》表达对他的纪念?从这个问题出发,我阅读了相关资料,发现了这篇文章隐含的深刻价值:它既是《群言》杂志办刊思想和发文风格的具体体现,更从一个侧面彰显了民盟先贤季羡林的人生品格。

《群言》杂志创刊于 1985 年,是中国民主同盟中央委员会主办的政治性与学术性相结合的综合性月刊。作为改革开放以来民主党派创办的第一份公开发行的刊物,《群言》杂志承续"百花齐放、百家争鸣"的文艺方针,紧跟时代步伐,建言国是,推动中国的民主与法治建设,关注社会、关注民生,力求为知识界服务,为知识分子服务。《群言》杂志一直恪守《发刊词》中"说真话、实话,不说假话、大话、空话,对新情况、新问题发表新见解"的承诺,为广大知识分子提供发表意见的讲台,体现着"知识分子群言堂"的办刊主旨。

《群言》杂志刊发两次的《为胡适说几句话》写作时间是 1987 年 11 月 25 日。为什么写这篇文章季羡林在此文开篇即有交代:"在中国近现代史上,胡适是一个起过重要作用但争议又非常多的人物。过去,在极左思想的支配下,我们曾一度把他完全抹杀,把他说得一文不值,反动透顶。十一届三中全会以后,我们看问题比较实事求是了。因此对胡适的评价也有了一些改变。但是,最近我在一份报刊上一篇文章中读到，（胡适）'一生追随国民党和蒋介石'，好像他是一个铁杆国民党员、蒋介石的崇拜者。根据我的了解，好像事情不完全是这个样子，因此禁不住要说几句话。"

在很多人印象中，季羡林和胡适之间一是差着年龄和辈分：胡适生于 1891 年，年长季羡林很多，胡适 1910 年留学美国的时候，季羡林还没有出生；二是社会地位相差较大：胡适 1917 年回国后即任北京大学教授，并于 1946 年担任北京大学校长，季羡林 1946 年的时候才刚刚从德国留学归来赴北京大学教书，而且两年之后，胡适就离开北京大学了。按照常理推测，季羡林肯定认识胡适，但不可能跟胡适比较接近甚至了解胡适。但是，历史的真实总是让人无法怀疑，季羡林日记等相关资料显示，季羡林所说的"根据我的了解"不仅毫不虚妄，而且有根有据。从史料情况看，季羡林不仅了解胡适，还曾经与胡适非常接近，应称得上比较了解胡适。

季羡林于 1946 年春夏之交，经过法国马赛、越南西贡和英国人占领的香港回到祖国。当时他已经由陈寅恪推荐，经北京大学校长胡适、代理校长傅斯年以及文学院院长汤用彤同意接收，来北京大学任教。1946 年 9 月 21 日晚，季羡林到达北平，他在日记中记下了回到阔别多年的祖国时内心的激动："我在黑暗中看到北平的城墙，不知为什么忽然流下泪来。"到达后的第二天，季羡林去看时任文学院院长的汤锡予（汤用彤）。季羡林在日记中写道："我把我的论文拿给他看，谈了半天。临出门的时候，他告诉我，北大向例（其实清华也一样）新回国来的都一律是副教授，所以他以前就这样通知我，但现在他们想破一次例，直接请我做正教授，这可以说喜出望外。"[①] 汤用彤说的"想破一次例"

[①] 季羡林：《象牙塔日记》（精装珍藏本），杭州：浙江人民出版社 2016 年版，第 241 页。《象牙塔日记》共分两卷，上卷是清华园日记，下卷是北大日记（1946 年 9 月 21 日—1947 年 10 月 5 日，其中 1947 年 7 月 16 日—9 月 1 日缺）。

的他们,不仅包括自己,应还包括胡适在内,按照常理,也可以认为胡适是主要决定者。

1946年9月23日的日记中,季羡林记下了刚到北京后作为一名北大新聘教师与北京大学校长胡适的第一次见面。或许由于紧张,在这次见面前的前两天季羡林总是失眠。①"十一点到院长家去见汤先生,他领我到校长室去见胡适之先生,等了会儿,他才去。同他对面谈话,这还是第一次,我只觉得这名声大得吓人的大人物有点外交气太重。在校长室会到杨振声、朱光潜、邓恭三。"②

从季羡林上述日记可以看出,初次面识这位"名声大的吓人的大人物"的印象不算太好,他不仅没有感受到胡适"我的朋友"式的微笑,还感觉到他"有点外交气太重"。无论季羡林感觉胡适怎么样,但这次会面应该是他给胡适留下比较好或者至少不坏的印象。因为这次见面没有多久,大概过了不过一个多星期,刚刚被聘为正教授的他,按照季羡林日记记载即10月7日那天,他被告知担任东方语文学系③的主任。季羡林在这天日记里描述整个过程及自己归后比较激动无法入眠的心情:"看到汤先生的条子,就到院长办公室去。他告诉我,他刚同胡适之先生谈过,让我担任新成立的东方语文学系的主任,我谦辞了一阵,只好接受。……吃完回来躺下,想休息一会儿,但神经很兴奋,只是睡不着。"④ 汤用彤和胡适对季羡林的赏识与认可不仅为季羡林在北京大学的

---

① 季羡林在见胡适前一天的22日日记写道"夜里虽然吃了安眠药,但仍没睡好";在见胡适当天23日日记写道"夜里仍是失眠",但见过胡适之后的24日日记写道"夜里睡得格外好"。——《象牙塔日记》第241—242页。

② 季羡林:《象牙塔日记》(精装珍藏本),杭州:浙江人民出版社2016年版,第242页。

③ 季羡林日记记载的是"东方语文学系",但在他的散文作品中如《站在胡适之先生墓前》等文章中则写为"东方语言文学系"。后核对蔡德贵编著的《季羡林年谱长编》本文确定为"东方语文学系"。

④ 季羡林:《象牙塔日记》(精装珍藏本),杭州:浙江人民出版社2016年版,第248页。

事业发展奠定了基础,也为他进一步了解胡适提供了条件。

季羡林日记显示,1946年9月23日的会面只是他与胡适"对面谈话"的第一次,其实他在清华大学上学的时候已经见过胡适一次,那是他第一次见胡适,不过当时他是众多听胡适演讲听众中的一员,胡适是站在台上的演讲者。季羡林在《清华园日记》中非常详细地记载了这次听胡适演讲的印象及对胡适的个人评价。这里说"非常详细"一点也不夸张,从季羡林的《清华园日记》整体内容看,当时年仅21岁还处于青春叛逆期的季羡林很少花篇幅记下听过的演讲,如有也总是一笔带过,但对于胡适的这次演讲他不仅非常认真听了,也仔细记下了胡适的演讲要义和自己当时的感受。这篇日记写于中华民国二十一年(1932年)十月十三日,原文如下:"听胡适之先生演讲。这还是第一次见胡先生。讲题是文化冲突的问题。说中国文明是唯物的,不能胜过物质环境,西洋是精神的,能胜过物质环境。普通所谓西洋物质东洋精神是错的。西洋文明侵入中国,有的部分接受了,有的不接受,是部分的冲突。我们虽享受西洋文明,但总觉得我们背后有所谓精神文明可以自傲,譬如最近班禅主持口轮金刚法会,就是这种意思的表现。Better is the enemy of good。我们觉得我们good enough,其实并不。说话态度声音都好。不过,也许为时间所限。帽子太大,匆匆收束,反不成东西,而无系统。我总觉得胡先生(大不敬!)浅薄,无论读他的文字,听他的说话。但是,他的眼光远大,常站在时代前面我是承认的。我们看西洋,领导一派新思潮的人,自己的思想常常不深刻,胡先生也或者是这样罢。"① 看过季羡林《清华园日记》的读者都能感觉出来,当时在清华大学读书的季羡林因年轻而有些叛逆,因有才而多些傲物,清华大学的一批教授都不能入他法眼。通过季羡林《清华园日记》中这段对胡适

---

① 季羡林:《清华园日记》,北京:外语教学与研究出版社2009年版,第64页。

演讲的记述，能感受到季羡林对"领导一派新思潮"的胡适比较认可，赞赏其温文尔雅和目光远大，并将其演讲的不深入和系统性差归结为"也许为时间所限，帽子太大，匆匆收束"，但内心也对于自己的这种判断充满了矛盾：在内心深处，季羡林认为盛名之下的胡适思想应该更深刻，但从主观感受上，无论"读他的文字，听他的说话"都觉得"浅薄"。

无论过去季羡林对胡适的印象如何，初入北大后的这次"大大出乎意料"的聘任，使得季羡林在北大不仅是一个崭露头角的新晋教授，他还兼做行政管理工作，并因为北京大学当时的行政管理体制和其他特殊原因使他与胡适非常熟悉起来。据季羡林回忆，当时的北京大学，虽然有文、理、法、农、工、医六个学院，但是管理人员却很少，有一位秘书长处理全校的行政事务，"秘书长以外，还有一位教务长，主管全校的教学工作。没有什么副校长"[1]。由于当时北京大学行政人员极少，行政管理的片平化，作为系主任的季羡林能够经常与身为校长的胡适接触。学校当时还有一个决策机构是教授委员会，胡适是教授委员会的主席经常主持会议，季羡林是新入职的教授也要参加会议。季羡林和胡适还同时是北京大学文科研究所的导师。还有一个特殊的原因造成季羡林与胡适接触频繁，据蔡德贵的《季羡林年谱长编》记载：北大胡适校长的秘书不懂外文，外事工作就让季羡林帮着处理，经常到胡适办公室，与胡适一起工作两三年；胡适那一间在孑民堂前东屋里的狭窄简陋的校长办公室，季羡林几乎是常客。[2] 季羡林日记显示，仅1946年9月21日—1947年10月5日这一年时间内，季羡林在日记中记下的与胡适因为各种原因会面达32次之多。此后一年多直到胡适离开，季羡林应该和

---

[1] 季羡林：《季羡林自传》，北京：北方联合出版传媒股份有限公司2015年版，第200页。
[2] 蔡德贵编著：《季羡林年谱长编》，吉林：长春出版社2010年版，第51页。

胡适还有更多的接触，但因为"文化大革命"期间季羡林被抄家，丢失了几本日记，1948年的日记不幸在列，所以无从查证了。

由于这种种原因，与作为北京大学校长的胡适经常会面成为季羡林初入北大后生活的组成部分。为进一步了解胡适，季羡林还阅读了胡适的一些著作。后来，他们的关系不仅是工作中的上下级关系，还变成了比较亲密的朋友关系。别人宴请胡适，季羡林也应邀参加。季羡林在1947年1月11日日记写道："十二点下课，同向达坐洋车到北平图书馆。今天袁守和请客，同桌的有胡适之先生、陈援庵先生、向达、周一良、赵万里、邵循正、容肇祖。吃过午饭，看了几部宋版书，听胡先生谈《水经注》，我看他真有点着迷了。又到楼下去看满蒙藏文，四点前出来坐洋车回来，到松公府去参加纪念蔡孑民先生八十岁生辰，胡先生、何思源、汪敬熙、钱端升相继演讲。"① 1947年7月15日日记写道："七点同王岷源到六国饭店去，今天印度大使请客，请的有胡适、李宗仁、何思源、梅贻琦等。十点多同胡先生、bagchi一同坐胡先生的汽车回来。"② 季羡林日记还显示，他不仅和胡适一起参加别人宴请，胡适请客，季羡林也在应邀作陪之列。季羡林1947年2月23日日记写道："十二点到松公府蔡先生纪念堂去，胡适之先生请客，同请的有陈垣、沈廉士、余嘉锡等，吃完谈到快三点才辞了出来。"③ 1947年4月30日日记写道："十二点回来。一点同王珉源到松公府蔡先生纪念堂，胡校长请客，有Jelife、Bagchi、Bura、袁守礼、梅贻宝、朱孟实、汤先生，还有许多本校的陪客。两点多回来，休息了会儿。"④ 这些活动都为季羡林深入了解胡适并为事后客观评价胡适奠定了基础。

---

① 季羡林：《象牙塔日记》（精装珍藏本），杭州：浙江人民出版社2016年版，第286页。
② 季羡林：《象牙塔日记》（精装珍藏本），杭州：浙江人民出版社2016年版，第355页。
③ 季羡林：《象牙塔日记》（精装珍藏本），杭州：浙江人民出版社2016年版，第302页。
④ 季羡林：《象牙塔日记》（精装珍藏本），杭州：浙江人民出版社2016年版，第327页。

季羡林初识胡适时，认为这个大人物"思想浅薄""外交气重"。但随着频繁接触，季羡林对胡适逐渐形成了自己的认识与评价，这些在季羡林当时日记和之后的散文作品中都有记述。对于胡适这位学术大家和共同工作过的同事，季羡林始终坚守着内心的真实认知与评价。季羡林在北大时的日记行文虽然简洁，但他在日记中凡提到胡适时必加"先生"二字，可见他对胡适是发自内心的尊重与钦佩。据此也可以想象他20世纪80年代写《为胡适说几句话》一文时不敢加"先生"二字时的压力情况和奋力挣扎。

　　随着交往加深，季羡林对胡适的为人处世和学问探求等形成了较为全面的看法。在为人处世方面，他越来越充分感受到胡适的谦虚平和。季羡林说："他这个人对任何人都是和蔼可亲的，没有一点盛气凌人的架子。这一点就是拿到今天来也是颇为难能可贵的。"在做学问方面，胡适对学术的痴迷与见解高明很令季羡林佩服。在1947年1月18日日记中，季羡林记下了再次听胡适演讲的感受："两点半到北楼听胡适之先生的演讲《宋代理学产生的背景》。到底他的叫座能力大，人多得要命，连外面都是人，讲得却也真好，简直是一个享受，四点多讲完。"[①] 季羡林在日记中还生动记下一次在北平图书馆开会时胡适因学问兴致而忘记会议的事情：会前胡适事先声明有其他会议要提前离开，但当大家谈到他喜欢的《水经注》时，胡适立刻兴致大发，高谈阔论起来，以致将自己事先说的会议完全抛在脑后。季羡林在怀念胡适的散文《站在胡适之先生墓前》写道："我在学术研究方面的机遇，就是我一生碰到了六位对我有教导之恩或者知遇之恩的恩师，我不一定都听过他们的课，只读他们的书也是一种教导。"在这篇文章中，他没有列全这六位导师的名字，也没有直接列出胡适的名字，但在内心深处他是视胡适为知遇

---

① 季羡林：《象牙塔日记》（精装珍藏本），杭州：浙江人民出版社2016年版，第289页。

之恩的老师。

  季羡林与胡适的了解，还得益于季羡林和胡适在学问研究领域有交集，这为两人的交流和加深了解提供了土壤。季羡林和胡适都曾经致力于中印文化关系交流研究，两人又皆擅长考证，容易引发共鸣。据季羡林回忆，他来北大任教不久把写就的《列子与佛典》一文拿给胡适看，"第二天他就给我写了一封信：'《生经》一证，确凿之至！'可见他是连夜看完的，他承认了我的结论，对我无疑是一个极大的鼓舞。"① 1999年3月26日，已经88岁高龄的季羡林赴台湾访问，访问期间他无限感怀地拜谒了胡适的墓地，还听到了台湾知名人士李亦园转述的胡适生前对他的评价：做学问应该像北京大学的季羡林那样。

  自季羡林1946年9月入校到胡适1948年12月中旬离开，季羡林与胡适一起在北京大学工作的时间近三年。由于时间和人类认知本身所限，每个人对于他人的了解和言说注定是基于自己的理解和认知，尽管力求客观也会囿于自身认知的有限性而无法抵达。所以，从终极意义上来讲，季羡林了解的只能是"部分的胡适"，他言说的胡适也只能是季羡林视域中的胡适。但是，世界对他人的了解，对世界上一切万物的了解都是因为人类发自内心的真实认识和相对客观描述而丰富起来、清晰起来的。季羡林描绘的胡适是基于他了解基础上的"客观、完全、真实"的胡适。在一种复杂的政治环境中，只有像季羡林这样的勇者才会不畏压力，大胆表达自己对争议人物基于内心真实的认知。也只有勇者的这种表达行为，才能廓清某些争议人物的本来面目，为其他人全面了解这个人提供帮助，并对当时错误的认识论和方法论给予有力回击。

  关于季羡林，张中行曾这样评价："季先生就以一身而具有三种难能：一是学问精深，二是为人朴厚，三是深情。三种难能之中，我以

---

① 季羡林：《阅尽沧桑》，北京：中国盲文出版社2008年版，第40页。

为，最难能的是朴厚，因为，在我见过的诸多知名学者（包括已作古的）中，像他这样的就难于找出第二位。"的确如张中行所言，季羡林为人朴厚，所以他最崇尚真实与真诚，终生都在践行"假话全不说，真话不全说"。这从他对胡适的言行态度上能充分体现出来。1954 年，胡适成为大陆学界批评的对象，季羡林只见"众家豪杰，各个义形于色，争前恐后，万箭齐发"，他也参加了诸多批判胡适的会议，读了许多批评文章，但他发现这些批判文章都是浪费纸张、笔墨、时间和精力。当时情况下，胡适的许多故旧通过写文或发言被迫表态与胡适划清界限，季羡林本着自己对胡适的真实了解和内心的良知，不但一篇批判文章没有写，而且在不得已参加的批判会议上，他还公开表示这是浪费时间。在"文革"结束十多年后，当季羡林看到还有文章公开对胡适表达一些歪曲误解，于是，季羡林不顾一些人好意的提醒，冒着有可能被追查的危险①，挺身而出大胆真诚地为自己了解的胡适"禁不住要说几句话"，其人格操守和勇气胆识可见一斑。同时，《为胡适说几句话》这篇文章写作不仅显示了季羡林敢于说真话的勇气，还表达了他对当时思想学术领域依然存在的教条主义、形而上学、似是而非的伪辩证法的批评，并以现身说法践行了知人论世、实事求是的辩证法思想。

丁仲礼主席在 2018 年 3 月 22 日《深切怀念陶大镛——纪念陶大镛诞辰 100 周年》讲话中指出："《群言》杂志是陶公和老一辈民盟人留给民盟和社会的又一份财富。……'讲真话、实话，不说假话、大话、空话'是陶公和胡愈之、费孝通等前辈为《群言》确立的准则。可以告慰陶公的是，《群言》到今天仍然坚持着积极参与国是，反映群众心声，

---

① 关于《为胡适说几句话》这篇文章写作发表前后的情形，季羡林在《站在胡适之先生墓前》散文中写道："曾写了一篇短文：《为胡适说几句话》，我连'先生'二字都没有勇气加上，可是还有人劝我以不发表为宜。文章终于发表了，反映还差强人意，至少没有人来追查我，我心里一块石头落了地。"

不跟风、不媚俗的'知识分子群言堂'风格。"他还说道："时代在进步，事业在发展，但民盟前辈留下的财富永不过时，并激励着我们传续薪火，奋力前行。"民盟前辈季羡林才高仁寿，他不仅在学术和文学创作领域为人类留下了宝贵丰厚的精神财富，同时他作为民盟知识分子优秀一员具有的人格财富也永不过时，值得我们民盟后辈永远追思与继承。在此意义上，《为胡适说几句话》这篇文章在《群言》杂志两次刊发的确意味深长，耐人深思。

王重民季羡林交往交流考[*]

王京山[**]

王重民先生是著名的文献学家、目录学家、版本学家、图书馆学教育家、敦煌学家,而季羡林先生是著名东方学大师、语言学家、文学家、国学家、佛学家、史学家、教育家和社会活动家。从20世纪40年代末到70年代中期,二人同为北京大学教授,共同经历了若干时代风雨,他们有很多的时间、场景交往交流,为我们留下了珍贵的精神财富。

众所周知,季羡林有记日记的习惯。季羡林的日记从他大学时代开始,一直持续到耄耋之年。但是,季羡林的日记没有全部出版。目前整理出版的主要包括他大学时代的日记《清华园日记》、德国留学日记《留德岁月》,以及新中国成立前在北大任教初期的日记。新中国成立后的日记尚未整理出版。王重民也有记日记的习惯,我们有证据可以证明这一点,但迄今为止王重民的日记均没有公开发表。笔者参与的国家社科基金重大项目"《王重民全集》编纂"也没有整理出版王重民日记的

---

[*] 国家社会科学基金重大项目"《王重民全集》编纂"(项目编号:17ZDA296)的研究成果之一。

[**] 王京山,现为中国传媒大学传播研究院教授。

计划。由于新中国成立后王重民和季羡林的日记均付诸阙如,而他们二人的交往交流大多发生于新中国成立后,我们目前只能从公开出版的文献中搜寻蛛丝马迹,来还原他们交往交流的若干场景。

一、王重民季羡林的浅交往——共同参会

从1946年季羡林回国任北大教授到新中国成立前后一段时间,此时王重民虽然也是北京大学兼职教授,但他的本职是北平图书馆副馆长,在新旧政权交替之际曾任代馆长,而季羡林是北大新晋教授,属于学术界的后起之秀。他们都是当时的社会名流,往往会共同参加一些会议或学术活动。在这些会议上,他们互相见面、互闻其名但没有更深层次的交往,因为参会人数众多,他们交流不多。目前所见,有以下两条记录:

其一,著名文史学者、杂文家、民主人士宋云彬在其《北游日记》中记录了一次王重民和季羡林共同参加的宴会。

1949年初,在中共地下组织的安排下,宋云彬与一批著名人士来到解放不久的北平,他们参与了一系列社会活动,后来又参加了第一届中国人民政治协商会议。他在1949年3月26日的日记中记录了王重民和季羡林共同参加的一次宴会:

> 上午赴北京饭店,出席学协理事会。中午偕圣陶夫妇暨振铎、彬然同赴北大俞平伯等之宴。列名具柬邀请者凡十七人:俞平伯、王重民、朱光潜、金克木、郑天挺、林庚、吴晓铃、季羡林、沈从文、顾颉刚、向达、孙楷弟、黄文弼、魏建功、杨人楩、韩寿堂、赵万里。地点为孑民纪念堂。①

---

① 宋云彬:《北游日记》,载《新文学史料》,2000年第4期,第188页。

这里的学协，是当时"学术工作者协会"的简称。这里的"圣陶"，即后来担任人民教育出版社社长和总编辑的著名教育家、出版家叶圣陶；这里的"彬然"，即教育家、出版家傅彬然。宋云彬是和叶圣陶、傅彬然一同由香港赴北平的，所以他们也常常一起活动。这次宴会是俞平伯等人主办的，出席者都是一时俊彦，王重民和季羡林都受邀出席，可见他们当时在北平学术界的地位。

其二，王重民、季羡林共同参加在北平图书馆举行的《赵城金藏》座谈会。

1933 年，秘藏八百年的国宝《赵城金藏》在山西赵城县（今属洪洞县）广胜寺重见天日。经历烽火连天的抗日战争、解放战争，《赵城金藏》安然无恙。北平和平解放后，1949 年 4 月 30 日，4000 多卷的《赵城金藏》最终入藏北平图书馆，成为北平图书馆的镇馆之宝。北平图书馆接收《赵城金藏》后，经过初步整理，挑选部分经卷展出，并在 1949 年 5 月 14 日邀请各界人士举行展览座谈会，为这部国宝"会诊"，商讨如何修复和保藏办法。王重民和赵万里代表北平图书馆出席座谈会，季羡林作为知名学者也参加了该座谈会。①

在会上，王重民作为北平图书馆副馆长首先发言：

> "此经为国宝，经八年抗战，跋涉千里而入本馆。荣负保藏之责，将努力修整，以便与本馆原存 192 卷并为一体，望各为报道，每位赐以宝贵意见。"②

---

① 李际宁：《镇馆之宝〈赵城金藏〉的记忆》，http://news.cri.cn/gb/3601/2005/09/14/1266@701390.htm（访问实践：2005 年 9 月 14 日）。
② 刘一凡：《薄一波关注的旷世孤本〈赵城金藏〉》，载《档案春秋》，2011 年第 12 期，第 7 页。

这是季羡林第一次出席保护和抢救《赵城金藏》的会议。这次会议上季羡林是否发言不得而知。但就在这次座谈会上与会者决定修复《赵城金藏》，到1965年《赵城金藏》修复完成。20世纪八九十年代，在任继愈主持下，以《赵城金藏》为底本重编的《中华大藏经》完成，其中就蕴含着季羡林的贡献。①

当然，王重民和季羡林共同参会的情况肯定不止以上两次。总体上，这些共同参会的经历虽不足以深入交流，但是共同参会使他们彼此逐渐认识熟悉，为进一步交往交流打下了基础。

二、王重民季羡林的深度交往交流——合作研究

王重民和季羡林入职北大的时间前后相继。季羡林1935—1946年留学德国，1946年回国，被北京大学聘为教授，创办东方语言文学系并任系主任。而王重民1934—1947年在法、英、德、意、美等国著名图书馆考察并搜求流散国外的中国珍贵文献，1947年回国，在北平图书馆任职的同时兼任北京大学中文系教授，并创办图书馆学专修科，直至1952年王重民辞去北京图书馆（新中国成立后北平图书馆改名为北京图书馆，即今天中国国家图书馆的前身。）职务，在北京大学专事教学科研。

王重民、季羡林二人的深度交往交流具有深厚的基础。他们从事的学科专业相近，学术研究交叉融合度也很高。他们交流互动的第一个学科领域是图书馆文献领域。王重民长期担任北平图书馆（北京图书馆）的副馆长、代馆长。当时的北平图书馆（北京图书馆）是国内文献资料收藏和学术研究的重镇，与北京大学互动频繁；而季羡林任北京大学教

---

① 梁志刚：《我的老师季羡林》，北京：团结出版社2017年版，第127—128页。

授的同时担任北平图书馆评议会成员。① 在二人的交往中，王重民丰富的文献学、图书馆学知识为季羡林回国后的学术研究提供了不少支持。他们交流互动的第二个领域是史学。王重民和季羡林都擅长历史研究，都是当时国内史学研究方面的知名学者。王重民自不必说，他的史学成就有目共睹。而季羡林归国后，研究中印、中外文化交流史成果斐然，很快成为中国史学研究的新星。② 1954 年 2 月《历史研究》创刊时，季羡林就名列 18 位学者组成的第一届编委名单。③ 1956 年，季羡林以其历史研究的成就当选中国科学院人文社科学部委员。共同的学科背景为他们的交流交往提供了基础。他们交流互动的第三个领域是敦煌学。20 世纪 30 年代，王重民等一批人远赴英法，寻访、抄录、整理敦煌卷子，编辑敦煌劫余文献目录，其对敦煌变文、曲辞等方面的研究，不但使敦煌学研究别开生面，也以其巨大成就成为敦煌学研究的代表人物。④ 季羡林的敦煌学研究也成就斐然。后来季羡林成为中国敦煌吐鲁番学会和《敦煌吐鲁番研究》杂志的创始人之一，从 1983 年到 2009 年去世，季羡林一直担任中国敦煌吐鲁番学会的会长一职。这期间正是中国敦煌吐鲁番学突飞猛进的时期，也是中国敦煌吐鲁番学赶上世界先进水平并在诸多领域取得领先地位的时期。⑤ 王重民、季羡林二人在敦煌学研究方面的共同兴趣，为他们的深入交流乃至合作研究提供了基础条件。

新中国成立前后，王重民的工作重心逐渐转移到北京大学图书馆学

---

① 胡光利、梁志刚：《季羡林全传：上》，上海：华中科技大学出版社 2019 年版，第 313 页。
② 胡光利、梁志刚：《季羡林全传：上》，上海：华中科技大学出版社 2019 年版，第 301 页。
③ 盖志芳：《〈历史研究〉（1954—1966）编委遴选及变动原因分析》，载《东岳论丛》，2010 年第 31 期，第 59 页。
④ 王晶波：《敦煌学与中国现代学术文化思潮》，载《敦煌学辑刊》，2010 年第 4 期，第 166—171 页。
⑤ 郝春文：《季羡林与敦煌吐鲁番学：明确提出敦煌学可成为一门学科》，http://iwr.cass.cn/zjys/201110/t20111024_3110336.shtml（访问时间：2011 年 10 月 24 日）。

专修科的教育教学上来，但到 1952 年之前王重民在北大还是处于"客卿"的位置，他的本职岗位还是在北京图书馆①，此时他利用自己图书馆学文献学的专长为季羡林提供了若干研究资料。而季羡林留学归国后，因资料缺乏和对外联络、政治环境等限制，无奈放弃了原先的印度古代语言研究，把精力用在与印度有关、国内资料相对较多的印度史、中印关系史和比较文学史的研究和翻译上来，新中国成立后又开始敦煌学方面的研究。在季羡林这个学术研究转型过程中，王重民提供了力所能及的帮助。②尤其是新中国成立后的敦煌学研究中，王重民季羡林有了更多的交流互动乃至合作研究。

1949 年新中国成立后，季羡林也和许多知识分子一样开始努力学习马克思主义，并将之与印度研究相结合。1950 年，季羡林和曹葆华合作翻译了马克思的《不列颠在印度的统治》和《不列颠在印度统治的未来结果》，就是二者结合的结晶。后来，王重民又告诉季羡林马克思还写有《印度大事年表》，季羡林听后既感觉自己"孤陋寡闻"，同时又有点"半信半疑"，问了周边的朋友，都说不知道此事。③ 王重民就借来该书的俄文版给季羡林，季羡林看后十分高兴，遂决定将此书翻译成中文，供研究印度史的朋友们参考。该书翻译完毕后，季羡林对马克思实事求是的好学精神极为感佩，在《介绍马克思的〈印度大事年表〉》一文中写道"马克思并不是专门研究历史的，当然更不是专门研究印度史的，但他竟能对印度史下这样大的功夫，做这样彻底的工作，可见他的实事

---

① 白化文：《读王有三（重民）先生的〈中国善本书提要〉》，见北京大学信息管理系编：《王重民先生百年诞辰纪念文集》，北京：北京图书馆出版社 2003 年版，第 52 页。
② 宋剑祥、田劲松：《从读者视角看季羡林先生对图书馆文献资源的利用》，载《十堰职业技术学院学报》，2011 年第 24 期，第 76—82 页。
③ 郁龙余、朱璇：《季羡林评传》，济南：山东教育出版社 2016 年版，第 510 页。

求是的好学的精神是如何伟大。"① 这事实上成为季羡林信仰马克思主义的逻辑起点。在这个过程中,王重民及时提供了文献资料,对季羡林的研究起到了支持和指引导航作用。②

王重民和季羡林对于敦煌学和西域研究研究注力颇多,也曾合作研究,主要表现在他们二人共同为回鹘文《菩萨大唐三藏法师传》写本影印本作跋。回鹘文是我国维吾尔先民在公元9—15世纪使用的一种文字,目前留存文献较多。《菩萨大唐三藏法师传》写本是一部有代表性的回鹘文文献,是汉文《大慈恩寺三藏法师传》的回鹘文译本,也简称为《玄奘传》。该文献大约在1930年出土于我国新疆。该文献被发现后,很快被文物商人分割出售。时任北平图书馆馆长的袁同礼先生派其弟清华大学教授袁复礼赴新疆购得240叶,入藏北平图书馆;另外8叶由法国考古学家海金(Joseph Hackin)所得,后交予德国学者葛玛丽(Annemarie Von Gabain, 1901—1993,又译冯·加班),123叶被法国吉美博物馆收藏,97叶流向俄国科学院东方文献研究所。③ 这样,世界孤本回鹘文《玄奘传》星散分藏世界各处。1932年葛玛丽女士从北平图书馆借走收藏的240叶《玄奘传》写本进行研究,数年不还,几经催要未果。不久第二次世界大战(以下简称"二战")在欧洲爆发,北平图书馆感觉索要更加无望。孰料二战结束后葛玛丽女士不但将《玄奘传》原本完璧归赵,还把原属海金的8叶也一并送给北平图书馆,至此北平图书馆藏有回鹘文《玄奘传》共248叶。④

---

① 季羡林:《介绍马克思的〈印度大事年表〉》,见《季羡林全集》(第10卷),北京:外语教学与研究出版社2009年版,第1—2页。
② 郁龙余、朱璇:济南:山东教育出版社2016年版,第510—511页。
③ 《回鹘文〈玄奘传〉》,https://card.weibo.com/article/m/show/id/2309404422901062303841(访问时间:2019年10月2日)。
④ 全桂花:《回鹘文文献〈玄奘传〉背后的故事》,http://www.ebaifo.com/fojiao-14457.html(访问时间:2020年7月20日)。

1951年，时任中共中央新疆分局常委、民族部部长、统战部部长的赛福鼎先生在北京大学东语系看到几种回鹘文古籍，他大为兴奋，认为这些书对研究维吾尔古代语文有着非常重要的意义。不久，国家民委即派员前去联系复制这些回鹘文古籍。王重民、季羡林与向达等认为北京图书馆收藏的《玄奘传》更为重要，于是请冯家昇先生进行整理，并于1951年影印出版4册影印本。① 在影印本出版前，王重民、季羡林两位先生合写了一篇跋文，详细介绍了回鹘文《玄奘传》的曲折经历及其影印出版的重要意义。

这篇跋文末署名为"王重民、季羡林谨记于北京大学"，落款时间为1951年6月18日，应该是在回鹘文《玄奘传》写本影印出版之前写就的。这是王重民季羡林二位合作研究的明证。该篇跋文没有收入刘修业的《王重民教授著述目录》，也没有收入北京大学信息管理系王媛的《〈王重民教授著述目录〉补遗》，故此北京大学王锦贵教授主持的国家社科基金重大项目"《王重民全集》编纂"的编纂目录亦未收此文。此文被收入《季羡林全集·第30卷：附编》，由国内季羡林研究专家叶新教授发现，告知笔者，经重大项目管理组认定补充编入《王重民全集》，为笔者从事《王重民全集》编纂、展开王重民先生著述资料收集整理以来的一个重要收获。

三、王重民季羡林的特殊交流——余音袅袅

1956年，北大图书馆学专科改为图书馆学系，王重民任系主任。此后他们二人的交往不多。1960年初，王重民、季羡林等共同参加了北大

---

① 陈红彦主编：《敦煌·西域·民语·外文善本掌故》，上海：上海远东出版社2017年版，第164页。

向达教授发起的"敦煌学六十年"专题讲座。① 王重民和季羡林一起共同为推动敦煌学研究做出了新的贡献。"文革"结束后,敦煌吐鲁番学会成立,季羡林担任首任主席,他在学会任务中提出要"在王重民先生主编的《敦煌遗书总目》基础上重编《敦煌吐鲁番遗书总目》"②。从这个意义上说,季羡林是在完成王重民先生未竟的事业,并将之推向一个新的高峰。

1978年5月王重民获得平反。而季羡林也重新恢复名誉,还担任了北京大学副校长。季羡林的学术研究也进入了新的春天,大作频出。约略统计,从1978年至2002年,不计散文、杂文、序、跋、翻译,专就学术著作而言,季羡林撰写了200多篇学术论文,出版了11部学术著作。③ 按说,王重民和季羡林的交往交流因为阴阳两隔,已经无法延续了。但斯人已去,余音宛在。在此略述一下王重民去世后,季羡林为王重民及其夫人刘修业女士所做的贡献及展现的情谊。

王重民逝世后,王重民夫人刘修业将主要精力放在王重民遗著的整理上,先后整理出版王重民著作7种,整理发表王重民论文16篇,以个人之力推动、组织了20世纪80年代的王重民研究。④ 1992年,王重民最后一本遗著《冷庐文薮》终于出版,刘修业夙愿得偿,次年仙逝。季羡林和其他著名学者周一良、宿白、周绍良、陈岱孙等一起参加了在北京大学图书馆贵宾室举行的刘修业先生追思会,高度赞誉她晚年对王重

---

① 阴法鲁、萧良琼:《中国敦煌学的开拓者——向达》,见沙知编:《向达学记》,北京:生活·读书·新知三联书店2010年版,第24页。
② 季羡林:《关于开展敦煌吐鲁番学研究及人才培养的初步意见》,载《高教战线》,1983年第10期,第24页。
③ 《季羡林的人生:不重浮华,晚年更远离虚名》,http://www.chinanews.com/cul/news/2009/07-13/1773163.shtml (访问时间:2009年7月13日)。
④ 杜桂玲:《刘修业与王重民遗著的整理》,载《图书情报工作》,2003年第5期,第26—29页。

民研究做出的巨大贡献。①

　　业师王锦贵教授还对笔者讲述了一件小事，从中可以看出季羡林对王重民的挚友深情。2008年，北京大学信息管理系和台湾胡适纪念馆牵头编纂《胡适王重民先生往来书信集》，王锦贵老师任主编。书稿编竣，需要找一位名人题写书名，王老师便想到了季羡林先生。当时季羡林身体抱恙长住301医院，王老师通过北大校办找到季羡林的助手，季羡林的助手问王老师："季老因身体原因轻易不给人题字，除非亲朋故旧。请问王重民先生跟季老熟悉吗？"王老师成竹在胸，对季羡林助手说："您只要跟季老说，是给《胡适王重民先生往来书信集》题字，这两位都是季老极为熟识的，他一听就会明白。"果然，很快季羡林题字就送到了王老师手上。一年以后，季羡林驾鹤西游，这件事为王重民、季羡林的交往交流画上了一个圆满的句号。

　　从20世纪40年代到70年代，王重民、季羡林的交往交流写下了一段朋友交谊的佳话。昔人有言曰"君子之交淡如水"，又言"君子喻于义"，回看王重民、季羡林几十年的交往，我们可以得出这样一个结论：他们是志同道合的君子之交，他们之间的切磋交流、惺惺相惜，为我们留下了极可宝贵的精神遗产。

---

① 杜桂玲：《刘修业与王重民遗著的整理》，载《图书情报工作》，2003年第5期，第82页。